LA

PERLE NOIRE

COMÉDIE EN TROIS ACTES

PAR

VICTORIEN SARDOU

PARIS
MICHEL LÉVY FRÈRES, LIBRAIRES ÉDITEURS
RUE VIVIENNE, 2 BIS, ET BOULEVARD DES ITALIENS, 15
A LA LIBRAIRIE NOUVELLE
—
1862

LA PERLE NOIRE

COMÉDIE

Représentée pour la première fois, à Paris, sur le théâtre du Gymnase, le 12 avril 1862.

DU MÊME AUTEUR

Nos Intimes! comédie en quatre actes.
Les Pattes de Mouche, comédie en trois actes.
Piccolino, comédie en trois actes.
Les Femmes fortes, comédie en trois actes.
La Papillonne, comédie en trois actes.
Les Prés Saint-Gervais, comédie en deux actes.
M. Garat, comédie en deux actes.
L'Écureuil, comédie en un acte.
Les Gens nerveux, comédie en trois actes.
La Taverne, comédie en trois actes.
Les Premières Armes de Figaro, comédie en trois actes.

LA PERLE NOIRE

ROMAN

Un volume grand in-18.

PARIS. -- IMPRIMERIE DE J. CLAYE, 7, RUE SAINT-BENOIT.

LA
PERLE NOIRE

COMÉDIE

EN TROIS ACTES, EN PROSE

PAR

VICTORIEN SARDOU

PARIS

MICHEL LÉVY FRÈRES, LIBRAIRES-ÉDITEURS

RUE VIVIENNE, 2 BIS, ET BOULEVARD DES ITALIENS, 15

A LA LIBRAIRIE NOUVELLE

—

1862

Tous droits réservés

PERSONNAGES

M. TRICAMP...............	MM. Lafont.
CORNÉLIUS....	Lafontaine.
BALTHAZAR..............	Landrol.
VANDERVEN...............	Francisque
PÉTERSEN................	Victorin.
PREMIER AGENT..........	Blondel.
DEUXIÈME AGENT.........	Louis.
CHRISTIANE..............	Mmes Victoria.
SARA	Antonine.
GUDULE.................	Mélanie.
Bourgeois, Bourgeoises, etc.	

La scène est à Amsterdam, en 1825.

S'adresser, pour la mise en scène exacte et détaillée, à M. Herold, régisseur de la scène, au Gymnase.

LA PERLE NOIRE

ACTE PREMIER

Le théâtre représente une grande pièce de rez-de-chaussée dans la maison d'un riche bourgeois hollandais. — Au fond, à gauche (spectateur), la porte d'entrée. — A droite de cette porte, une fenêtre grillée, sur la rue. — Entre la porte et la fenêtre, un bahut. — Premier plan, à droite, une haute cheminée. — Au deuxième plan, du même côté, dans un pan coupé, un passage conduisant à un appartement, et un escalier de bois qui mène à l'étage supérieur. — A gauche, premier plan, la porte de la chambre de Christiane. — Au deuxième plan, pan coupé; la porte du cabinet de Balthazar. — Une grande table vers la gauche; bahuts, fauteuils, lampe de cuivre, etc.

SCÈNE PREMIÈRE

CHRISTIANE, GUDULE.

Vers la fin de l'ouverture, on entend gronder l'orage qui va croissant. — Au lever du rideau, Gudule est agenouillée à droite. — Christiane sort de sa chambre, un petit paquet à la main, et traverse pour aller à la fenêtre. — Elle va pour ouvrir : un éclair l'aveugle, et au même instant la foudre éclate sur la maison. — Christiane pousse un cri, et tombe assise.

GUDULE.

Ah! mademoiselle Christiane!... ça vient d'éclater sur la maison!

CHRISTIANE.

Ah! que j'ai eu peur!

GUDULE.

Je l'ai entendu, ce coup-là... moi qui suis sourde!... Mon Dieu!... je ne peux plus me relever, mon enfant!... c'est la fin du monde!...

CHRISTIANE, l'aidant à se relever.

Pas encore... ma bonne Gudule... Assieds-toi, là... tiens!

GUDULE.

Vous êtes toute pâle aussi... pauvre mignonne!...

CHRISTIANE.

Oui... j'ai le cœur qui bat d'une force!... (Elle remonte à la fenêtre, où elle reprend son petit paquet sur l'appui.)

GUDULE.

N'ouvrez pas la fenêtre!... mademoiselle Christiane... ça attire la foudre!... (Elle se bouche les oreilles avec son tablier. — On entend le tonnerre gronder plus loin et la pluie tomber avec violence. — Les éclairs continuent à briller.)

CHRISTIANE.

L'orage s'éloigne... et la pluie tombe à flots maintenant. (A elle-même, après avoir jeté un coup d'œil dans la rue à travers les vitres.) Il ne viendra pas par ce temps-là!... Comment faire?... (On frappe à la porte extérieure.)

GUDULE.

On frappe!

CHRISTIANE, troublée.

Oui!... C'est M. Balthazar! (Elle cherche à cacher le paquet. — On frappe à coups redoublés sans discontinuer.)

GUDULE.

Mademoiselle Christiane, je ne peux bouger, ouvrez donc!

BALTHAZAR, dehors, frappant.

Christiane!... Gudule!

CHRISTIANE, cachant le paquet dans le bahut.

Oui, oui... j'y vais!... j'y vais!... (Elle ouvre.)

SCÈNE II.

Les Mêmes, BALTHAZAR, CORNÉLIUS.

BALTHAZAR, entrant en courant et se secouant.

Voilà une idée de nous faire attendre par un temps pareil!...

CORNÉLIUS, entrant de même, il a sur l'épaule un grand cerf-volant auquel pendent une foule de petits papiers de tournesol légèrement rougis.

Brou... ouh!... vite! vite! du feu, Gudule!

BALTHAZAR.

Des serviettes! des habits! des pantoufles!... (Christiane va et vient, allant prendre des vêtements dans l'appartement à droite.)

CORNÉLIUS.

Nous ruisselons!...

BALTHAZAR.

Essuie!... vite! vite!...

GUDULE, essuyant le parquet derrière eux.

Ah! mon Dieu! c'est vrai, mon pauvre parquet!

CORNÉLIUS.

Mais c'est nous qu'il faut essuyer... ce n'est pas le parquet.

BALTHAZAR, changeant de vêtements.

Ah! bien, oui, va... une Hollandaise!... et puis elle ne t'entend pas.

CHRISTIANE, s'approchant de Cornélius pour lui prendre son manteau.

Si vous voulez permettre, monsieur Cornélius...

CORNÉLIUS.

Ah! chère enfant!... je ne vous ai pas serré la main!... Ah mon Dieu, vous êtes glacée... Qu'avez-vous?

BALTHAZAR, se débarrassant du manteau.

C'est vrai, tu es livide!

CHRISTIANE.

C'est ce grand coup de tonnerre... Je tremble encore!...

BALTHAZAR.

Ah! vous l'avez entendu, hein?

CORNÉLIUS, frappant dans les mains de Christiane.

Pauvre enfant!

BALTHAZAR.

J'ai cru que toutes les vitres d'Amsterdam étaient en éclats.

CHRISTIANE.

Vous étiez dans la rue?

BALTHAZAR, se chauffant.

J'étais sur le quai de l'Amstel... sous un auvent... avec lui.

CHRISTIANE, emportant les effets mouillés qu'elle donne à Gudule, qui les porte au fond.

Sous un auvent!... Je crois bien que vous êtes mouillé!...

(Cornélius se débarrasse du cerf-volant, qu'il pose contre la table à gauche.)

BALTHAZAR.

Eh bien, et lui donc, qui était là, depuis une heure, assis sur une chaise, et occupé, tu ne devinerais jamais à quoi... à faire aller son cerf-volant sur l'Amstel!

CHRISTIANE.

Comment, son cerf-volant?

BALTHAZAR.

Oui... Cette idée de jouer au cerf-volant par ce temps-là!... Un homme grave, un savant... le premier chimiste d'Amsterdam!...

CORNÉLIUS.

Ne l'écoutez pas, chère enfant; il ne sait pas ce qu'il dit, ce vil commerçant! Je ne jouais pas au cerf-volant... Je constatais (il prend le cerf-volant) la présence de l'acide nitrique dans les nuages chargés d'électricité... témoin tous mes papiers de tournesol qui sont devenus roses.

BALTHAZAR.

C'est pour cela que tu étais là planté?

CORNÉLIUS, allant déposer le cerf-volant, au fond, près de la fenêtre.

Mais je crois bien! — Pas de maisons rapprochées; un bol

horizon, dix paratonnerres en vue, et tout en feu! — C'était fait pour moi!... Voilà assez longtemps que je le guette, ce scélérat d'orage... pour l'étudier de près!... (On entend gronder le tonnerre au loin. — Se frottant les mains.) Va, va, grogne maintenant, je connais ton fait, et je te le dirai quand tu voudras!... (Les deux femmes mettent le couvert.)

BALTHAZAR, se rapprochant de la fenêtre.

Que diable le tonnerre peut-il avoir de si intéressant?

CORNÉLIUS.

Pauvre homme!... Ce qu'il a d'intéressant?... Et qu'est-ce que c'est que ça? (Un éclair très-vif.)

BALTHAZAR, ébloui.

Parbleu! c'est un éclair! (Il redescend.)

CORNÉLIUS, redescendant aussi.

Oui, mais de quelle nature?

BALTHAZAR.

De la nature des éclairs!

CORNÉLIUS, s'asseyant devant le feu.

Tu ne m'entends pas! — Il y a éclair et éclair!... Nous avons l'éclair de *première classe*, en forme de sillon et de zigzag; l'éclair de *deuxième classe*, en forme de nappe très-étendue, et enfin celui de *troisième classe*, en forme de globe. Seulement, est-il réellement sphérique, ou n'est-ce qu'une illusion d'optique? Voilà ce qui me taquinait depuis longtemps... Tu me diras, il est vrai, que le globe a été parfaitement observé par Howard, par Schubler, par Kamtz...

BALTHAZAR.

Oh! je ne dis rien du tout!... Voilà le couvert mis, et si tu veux...

CORNÉLIUS, l'interrompant et le retenant par le bras.

Mais ils ne l'ont jamais observé aussi bien que moi, tout à l'heure... et il y a globe positivement.

BALTHAZAR.

Ah! — Alors tout va bien?

CORNÉLIUS.

Tout va bien.

BALTHAZAR.

Tu es heureux?

CORNÉLIUS.

Je suis heureux.

BALTHAZAR.

Alors... soupons!

CORNÉLIUS, se levant.

Alors, soupons! (Ils traversent pour aller à la table.)

BALTHAZAR [1].

Eh bien! deux couverts seulement! (A Christiane.) Et toi?

CHRISTIANE.

Oh! moi, je n'ai pas faim, monsieur Balthazar. Excusez-moi... cet orage m'a tellement émue!...

CORNÉLIUS.

Raison de plus pour vous mettre à table, chère enfant.

CHRISTIANE.

Non!... Je vous en prie... laissez-moi aller et venir... je ne pourrais pas tenir en place!... Et puis Gudule a les jambes brisées... J'aime mieux vous servir. (Elle sort par la droite.)

SCÈNE III.

CORNÉLIUS, BALTHAZAR, CHRISTIANE,
allant et venant.

CORNÉLIUS, suivant Christiane des yeux.

Qu'a-t-elle donc, ce soir?

BALTHAZAR, s'asseyant à table.

C'est l'orage. — Les femmes sont si peureuses!

1. Balthazar, Christiane, Cornélius.

ACTE PREMIER.

CORNÉLIUS, de même [1].

Si elles ne l'étaient pas, ami Balthazar, nous n'aurions pas l'immense bonheur de les protéger comme des enfants... celle-là surtout qui est mignonne et frêle. — Je ne peux pas la regarder, vraiment, que les pleurs ne me viennent aux yeux... C'est si doux, si bon... si tendre!... Ah! la charmante enfant!...

BALTHAZAR, le servant.

Hé! là!... maître Cornélius!... vous êtes presque aussi enthousiaste de mademoiselle Christiane que du tonnerre!

CORNÉLIUS.

Ce n'est pas la même chose... quoique ses yeux aient aussi des éclairs!...

BALTHAZAR.

En te regardant. — Je l'ai bien vu.

CORNÉLIUS.

Comment, tu l'as vu?

BALTHAZAR.

Parbleu!... je...

CORNÉLIUS.

Chut! — C'est elle!

CHRISTIANE, du seuil de la porte.

Quelle bière voulez-vous?

BALTHAZAR.

Donne-nous du vin de France, chère petite!... La bière est moins bavarde, et je veux faire jaser Cornélius.

CHRISTIANE.

Tout de suite! (Elle disparaît.)

BALTHAZAR.

Partie!

CORNÉLIUS.

Tu dis donc que tu as vu?...

BALTHAZAR.

Mais j'ai vu, grand enfant de savant, que tu ne t'amuses pas

---

1. Cornélius, Balthazar.

seulement avec un cerf-volant sur l'Amstel... tu joues aussi à la raquette avec Christiane... et ce sont vos deux petits cœurs qui servent de volants!

CORNÉLIUS.

Comment, tu crois...

BALTHAZAR.

Mais voilà trois mois, ami Cornélius, et je ne pense pas que ce soit pour mes beaux yeux seulement... trois mois que tu viens ici deux fois par jour : à midi, en allant à tes cours du jardin zoologique, et à quatre heures, en en sortant.

CORNÉLIUS, vivement.

C'est le chemin le plus court.

BALTHAZAR.

Oui... pour te faire aimer.

CORNÉLIUS.

Mais enfin, Christiane...

BALTHAZAR, l'interrompant.

Voyons, là, raisonnons... Christiane n'est pas une jeune fille comme une autre, tu le sais bien... C'est une pauvre enfant recueillie, élevée par ma mère, et presque une sœur pour moi! Elle est intelligente, passablement instruite, et assez, je t'en réponds, pour admirer un savant tel que toi. — Or, tu lui serres les mains, tu t'inquiètes de sa santé ; tu lui prêtes des livres qu'elle dévore ; c'est un petit cours de chimie, à propos d'une tache sur sa robe ; d'histoire naturelle, au sujet d'un pot de fleurs : ou de physique, à l'occasion du chat. Elle t'écoute de toutes ses oreilles... de tous ses yeux, et tu ne veux pas que l'amour se mette de la partie entre un professeur de vingt-cinq ans et une écolière de dix-huit !... Allons donc !

CORNÉLIUS, résolûment.

Eh ! bien, je l'aime, quoi !... Que veux-tu y faire ?

BALTHAZAR.

Eh ! bien, et toi ?...

CORNÉLIUS.

Eh ! bien, je veux l'épouser !

BALTHAZAR, vivement.

Eh! bien, alors, dis-le donc!

CORNÉLIUS, de même.

Mais je le dis!

BALTHAZAR.

Pourquoi me fais-tu des histoires?

CORNÉLIUS.

Mais c'est toi qui m'en fais.

BALTHAZAR.

Mais...

CORNÉLIUS.

Chut!... c'est elle!

CHRISTIANE, rentrant avec une bouteille de vin.

Voici le meilleur vin, monsieur Balthazar.

BALTHAZAR, versant, puis s'arrêtant à regarder tristement un petit papier collé sur la bouteille.

Avec la date écrite...

CHRISTIANE, très-émue.

De sa main!

BALTHAZAR, soupirant.

C'était une vieille habitude, la pauvre femme.

CORNÉLIUS.

Qui donc?

BALTHAZAR.

Ma mère, Cornélius.

CORNÉLIUS, vivement, lui prenant la main.

Ah! pardonne-moi!

BALTHAZAR.

Ah! quand on pense qu'il y a un an à peine, elle était là... Ne parlons pas de cela, tiens, Cornélius.

CORNÉLIUS.

Si tu n'espères plus la revoir, tu as raison, Balthazar; ne prononce jamais son nom: ce ne serait que tristesse; mais si tu crois avec moi à ce monde meilleur où l'on se retrouve, parlons d'elle;

oublie que c'est là un triste souvenir pour te rappeler que c'est aussi une radieuse espérance... et pensons sans amertume à ces morts chéris qui sont plus vivants que nous, puisqu'ils sont plus près de Dieu !...

BALTHAZAR.

Tu as raison, Cornélius... mais, tu vois, l'enfant pleure.

CORNÉLIUS, se levant.

Christiane !... ma chère Christiane !.. (Christiane se détourne, en cachant ses yeux sans répondre, puis sentant que les larmes vont déborder, elle entre vivement dans sa chambre.)

SCÈNE IV.

CORNÉLIUS, BALTHAZAR.

BALTHAZAR.

Elle va pleurer dans sa chambre. Elle l'aimait tant ! (Se levant.) Aussi bien, je n'ai plus faim, tiens... et puisque la glace est rompue entre nous... veux-tu que je lui parle tout de suite de tes projets ?

CORNÉLIUS.

Oh ! non, pas maintenant.

BALTHAZAR.

C'est vrai ! Tu es sûr de ton bonheur, toi, tu peux attendre... (Soupirant.) tandis que moi ..

CORNÉLIUS.

Eh bien ?

BALTHAZAR.

Eh bien, j'aime aussi quelqu'un, moi, et sans aucune espérance !... Ah ! laissons cela. — D'ailleurs j'ai quelque chose à t'apprendre avant... que je n'aurais jamais dit à un étranger, mais que le futur mari de Christiane doit savoir.

CORNÉLIUS.

Quoi donc ?

ACTE PREMIER.

BALTHAZAR, prenant sur la table le tabac et les pipes.

Est-ce que tu ne t'es pas souvent demandé, Cornélius, comment cette jeune fille avait été recueillie et adoptée dans notre maison?

CORNÉLIUS, bourrant sa pipe.

Oui dà! Mais je me suis répondu, comme tout le monde, que ton excellente mère.. (Lui serrant la main.) On peut parler d'elle à présent, n'est-ce pas?... que ton excellente mère était la plus charitable des femmes, et de là à adopter une orpheline...

BALTHAZAR.

Oui, mais dans quelles circonstances, voilà ce que tu ignores et ce que je vais te dire.

CORNÉLIUS.

J'écoute.

BALTHAZAR.

C'était quelque temps après la mort de mon père, en 1812, il y aura donc treize ans à Noël... Ma mère était à la messe, un dimanche... Il y avait foule autour d'elle, et on la pressait un peu. Elle sentit tout à coup une légère secousse à sa robe... D'abord, elle n'y prit pas garde, mais la secousse se répétant une seconde fois, elle s'avisa qu'on pouvait bien en vouloir à sa bourse, et prit si bien son temps, qu'elle saisit sur le fait la main de son voleur... C'était une main de petite fille, toute mignonne, toute fraîche, toute rose!...

CORNÉLIUS, vivement.

Christiane?...

BALTHAZAR.

Tu l'as dit! Ma pauvre mère eut des larmes plein les yeux à la vue de ces petits doigts de chérubin qui s'exerçaient si vite à mal faire... La pitié l'invitait à relâcher l'enfant, mais la charité lui conseillait le contraire. Qui sait si le ciel ne lui envoyait pas tout exprès cette jeune âme à sauver! — Elle ramena chez elle la petite Christiane, qui pleurait, en criant que *sa tante* allait la battre. Ma mère la consola, la fit causer et en apprit assez pour comprendre que le père et la mère de l'enfant étaient des bohémiens venus de la Frise, de ces gens qui courent les kermesses... que la petite fille avait été rompue dès son jeune âge à tous les exercices des saltimbanques, que le père s'était tué en exécutant un tour de force, que la mère était morte de chagrin et de misère, et que la prétendue *tante* était une mégère de même race, qui la rouait de coups et qui l'instruisait à voler, en attendant mieux. — Ma bonne mère garda l'enfant que la *tante* ne vint pas réclamer, comme bien tu penses; elle lui apprit à lire, à écrire, et d'abord à prier, ce dont elle ne se doutait pas; et Christiane fut bientôt un petit modèle de douceur et de décence... Et quelle ménagère !... Tu la connais, Cornélius... Avec cela, jolie, avenante et si bonne, que je suis obligé de me fâcher !... Elle veillerait toutes les nuits si je la laissais faire, tant pour coudre des vêtements aux pauvres gens que pour soigner telle ou telle voisine qui tombera malade... Et tout cela, Cornélius, sa jolie figure, ses vertus, son bon cœur, je sais un gré infini à ma bonne mère de me l'avoir laissé, en mourant, comme une belle part de son héritage !... puisque, grâce à elle, je puis te faire aujourd'hui le plus riche cadeau du monde !... celui d'une bonne, brave et honnête femme !

CORNÉLIUS.

Et je te remercie de tout mon cœur, Balthazar... A quand la noce ?

BALTHAZAR, vivement.

Tu n'as pas changé d'avis ?...

CORNÉLIUS.

Sans doute ! Pourquoi changer d'avis ?

BALTHAZAR.

Ah ! je ne sais... J'avais peur... Une fille de saltimbanque !... une bohémienne !

CORNÉLIUS.

Eh bien !

BALTHAZAR.

Et surprise, comme je te l'ai dit !

CORNÉLIUS, vivement.

Quelle nature honnête ! puisqu'on ne lui avait appris que le mal, et qu'elle est revenue si vite à la vertu !

BALTHAZAR.

Ah ! tu as bien raison !... Mais, Cornélius... une enfant trouvée !... Pas de parents pour la conduire à l'autel !... Pas de famille !

CORNÉLIUS.

Raison de plus pour lui en donner une.

BALTHAZAR.

Pas même de nom !...

CORNÉLIUS.

Raison de plus pour lui donner celui d'un honnête homme.

BALTHAZAR.

Ah ! tu es un brave cœur, et je suis fier d'être ton ami !... Embrasse-moi, tiens ! (On entend frapper à la porte d'entrée.)

CORNÉLIUS.

On frappe !...

BALTHAZAR.

Oui.

CORNÉLIUS.

Je vais..

BALTHAZAR.

Non ! non ! ne bouge pas ! (Il ouvre; Vanderven paraît. — A part.) Tiens !... quel est ce monsieur que je ne connais pas ?

SCÈNE V.

Les Mêmes, VANDERVEN, SARA, puis GUDULE.

VANDERVEN, entrant le premier bien tranquillement.

Monsieur, j'ai bien l'honneur de vous saluer !... (Apercevant Cornélius.) Et monsieur également ! (Balthazar et Cornélius le regardent d'un air étonné. — Tranquillement, après avoir soufflé.) Ce n'est rien !... c'est un malheur qui vient d'arriver !

CORNÉLIUS ET BALTHAZAR.

Un malheur!

VANDERVEN, soufflant.

Oui!... Oh! ce n'est rien! — C'est ma nièce qui a voulu aller à pied au spectacle, et en sautant un ruisseau elle s'est donné une entorse.

BALTHAZAR.

Ah! mon Dieu, où est-elle? — Gudule!... (Gudule entre un moment après.)

VANDERVEN.

La voilà!... ce n'est rien!... Entrez donc, ma nièce!

BALTHAZAR, courant lui offrir le bras, sans la reconnaître.

Oh! mademoiselle!...

SARA, voilée.

Ne vous effrayez pas, monsieur!... Il y a plus de peur que de mal! (On la fait asseoir.) [1] Mais mon oncle est si ému qu'il exagère. (Elle soulève son voile; Gudule lui donne un verre d'eau.)

BALTHAZAR, à part, la reconnaissant.

Sara!

CORNÉLIUS.

Hein?...

BALTHAZAR, ému.

Ah! mon Dieu!... mon ami, c'est elle!...

CORNÉLIUS, surpris.

Elle?...

BALTHAZAR, lui fermant la bouche.

Chut!...

VANDERVEN.

Là! maintenant que vous voilà installée chez des amis, Sara! (A Balthazar.) Car j'ai beaucoup connu votre père, savez-vous? — Un homme que je regrette bien... (Il regarde l'heure à sa montre.) Je vais faire avancer la voiture! (Il remonte.)

1. Vanderven, Gudule, Sara, Balthazar, Cornélius.

CORNÉLIUS, de même [1].

Permettez-moi, monsieur, de vous épargner...

VANDERVEN, tranquillement.

Non!... non!... cela me fera du bien... J'ai toujours le sang à la tête : mon médecin me défend les émotions..., et celle-ci m'a tellement...

CORNÉLIUS.

Ah! bien! bien!...

VANDERVEN.

Attendez-moi, Sara!... (A la porte.) Ce n'est rien, savez-vous..., rien du tout, mon enfant.

SARA.

Oh! je suis déjà mieux, — mon oncle!

VANDERVEN, continuant.

Quand j'aurai un peu marché, il n'y paraîtra plus!...

CORNÉLIUS.

A l'entorse de mademoiselle?...

VANDERVEN.

Non! — je parle de moi.

CORNÉLIUS.

Ah! bien!...

VANDERVEN, sortant.

Oui!

CORNÉLIUS.

Bon! bon! (Fermant la porte.) Joli!... l'oncle.

SCÈNE VI.

CORNÉLIUS, SARA, BALTHAZAR, GUDULE.

BALTHAZAR.

Parti!... Ah! mademoiselle!... vous... chez moi!... je n'ose pas le croire!...

---

1. Vanderven, Cornélius, Sara, Balthazar.

SARA, gaiement.

Mais certainement, monsieur, c'est moi, puisqu'il faut se casser bras et jambes pour vous voir! (Balthazar fait signe à Gudule de se retirer.)

CORNÉLIUS, à part, redescendant et surprenant ce signe.

Ah! très-bien!... Je suis de trop aussi, moi! (Il remonte pour prendre son chapeau, son manteau et son cerf-volant.)

BALTHAZAR, à Sara.

Hélas! je n'ai jamais osé me présenter chez vous!

SARA.

Et pourquoi n'osez-vous pas, monsieur?

BALTHAZAR.

Ah! pourquoi?... Tout est si changé maintenant... que je n'ose même pas vous le dire!...

SARA, riant.

Enfin... osez quelque chose pourtant!

BALTHAZAR.

Eh bien! mademoiselle... (A Cornélius, qui gagne la porte.) Tu t'en vas?

CORNÉLIUS.

Oui... Je vais...

BALTHAZAR, vivement, le ramenant.

Non! non! — Reste!... Un ami, mademoiselle Sara, presque un frère, et devant lui j'aurai plus de courage...

SARA.

Oh! je connais bien monsieur Cornélius!... Je l'ai vu souvent ici!...

CORNÉLIUS, surpris.

Ici, mademoiselle?...

BALTHAZAR.

Mais oui!... Tu ne reconnais pas mademoiselle?

CORNÉLIUS, cherchant.

Mon Dieu, oui, il me semble bien..., mais...

SARA.

Comment, monsieur Cornélius, vous ne vous rappelez pas la

petite ouvrière qui venait quelquefois raccommoder les dentelles de cette bonne madame Vanderlys!
CORNÉLIUS.
Quoi! cette petite Sara, si charmante, si jolie!... si intéressante!...
SARA, gaiement.
Ah bien! arrêtez-vous, ou je n'oserai plus dire que c'est moi!
CORNÉLIUS.
C'est vous?...
BALTHAZAR.
Mais oui!
CORNÉLIUS, s'asseyant, ainsi que Balthazar.
Est-ce possible?... vous... mais comment?
SARA.
Ah! oui!... Comment la jeune fille si jolie, si... mais si pauvre, si délaissée, a-t-elle aujourd'hui un nom, un hôtel, des voitures... des chevaux...
CORNÉLIUS.
Un oncle que nous venons de voir!...
SARA.
Monsieur Balthazar ne vous a donc pas conté cela?... (A Balthazar.) Mais vous ne lui avez donc pas conté cela, monsieur?... Vous ne parlez donc jamais de moi?...
BALTHAZAR.
Oh!... J'en parle beaucoup... mais tout seul.
SARA.
Eh! bien, monsieur Cornélius... un matin que j'allais à mon ouvrage, mon oncle... que je ne connaissais pas encore,... vint me chercher dans un grand carrosse et me conduisit chez son frère, M. Vanderven le banquier, qui était au lit, bien malade, le pauvre monsieur!... et qui me tendit les bras tout de suite, en m'appelant sa fille!... Voilà par exemple ce que je n'ai jamais bien compris!... Comment ce vieux monsieur que je n'avais jamais vu pouvait être mon père. On m'a bien expliqué cela, mais avec

tant de réticences!... Enfin, c'est encore obscur!... Toujours est-il qu'il se mourait, le pauvre monsieur... il me prit la main, me regarda, et me dit : « Chère enfant, je veux réparer en mou-
« rant la triste faute que j'ai commise de vous négliger si long-
« temps... mais je suis le plus puni : je pouvais toute ma vie
« avoir à mes côtés un ange comme vous, et je n'ai pas su le
« vouloir, ni le mériter... » Là-dessus, il m'embrassait en pleurant, et je pleurais aussi, moi !... vous pensez !... On introduisit alors des hommes de loi qui lui firent signer des papiers, à moi aussi... et puis tout le monde m'appela mademoiselle Vanderven... Et le lendemain, j'étais seule... Il était mort... sans me laisser le temps de le connaître, de l'aimer, moi qui commençais déjà !... Et voilà, monsieur Cornélius, comment j'ai un hôtel, une voiture, des chevaux...

CORNÉLIUS.

Un oncle que nous venons de voir...

SARA.

Et auquel je me surprends à dire quelquefois... « Alors, décidément, vous êtes mon oncle ?... Vous en êtes bien sûr ?... »

CORNÉLIUS.

Et qui répond ?

SARA.

Oh ! il répond qu'il sera mieux que cela encore.

BALTHAZAR.

Quoi donc ?

SARA.

Mon mari !

CORNÉLIUS.

Oh ! miséricorde !

BALTHAZAR, troublé, se levant et faisant tomber sa chaise

Votre mari !... lui !... (Ils se lèvent tous.)

SARA, le regardant [1].

Eh! bien ?

---

1. Sara, Cornélius, Balthazar.

ACTE PREMIER.

CORNÉLIUS, à Balthazar à part.

Veux-tu !...

BALTHAZAR, se contenant.

Rien ! rien, je vous demande pardon, mademoiselle !.. En effet, pourquoi pas ?

SARA, avec une fausse indifférence.

Mais je ne suis pas pressée, vous pensez bien ! — J'ai tant de choix !

CORNÉLIUS.

Ah ! vous avez beaucoup ?...

SARA.

D'amis, mais certainement, tout le monde n'est pas comme monsieur Balthazar qui n'a pas mis les pieds chez moi une seule fois, depuis que je suis heureuse ! — Lui qui montait si lestement mes six étages, quand madame Vanderlys avait du travail à m'offrir !

BALTHAZAR, tristement.

Oh ! oui, en ce temps-là !... mais aujourd'hui... je ne sors jamais.

CORNÉLIUS, appuyant.

Il ne sort pas !...

SARA, à Balthazar.

Je vous ai pourtant aperçu dimanche dernier. Et vous avez détourné la tête... comme si vous ne m'aviez pas vue !

CORNÉLIUS, faisant passer Balthazar.

Ah ! ah ! réponds à cela [1] !

BALTHAZAR.

Mon Dieu ! Vous étiez entourée d'une demi-douzaine de messieurs de tout âge, si empressés, si galants !...

SARA.

Eh ! bien, monsieur Balthazar ?..

BALTHAZAR.

Eh ! bien, mademoiselle, je n'entends rien aux belles manières,

1. Sara, Balthazar, Cornélius.

moi !... Je suis un ours, et rien que la vue d'une jeune femme en toilette... même vous !...

CORNÉLIUS, reprenant le milieu [1].

Mais ne l'écoutez donc pas, mademoiselle !... Il ne sait plus ce qu'il dit !... Il mourait d'envie de vous aborder !...

BALTHAZAR.

Moi ?...

CORNÉLIUS.

Mais oui, tu en mourais d'envie ; et tu es rentré tout triste, et nous avons dîné ensemble, et j'ai même très-mal dîné, car il n'a fait que soupirer tout le temps !...

SARA.

Et pourquoi ces soupirs ?

CORNÉLIUS.

Pourquoi ? vous ne le devinez pas ?... Mais parce que vous êtes riche, mademoiselle, riche à tonnes d'or !...

BALTHAZAR, voulant l'empêcher de parler.

Cornélius !...

CORNÉLIUS, parlant plus haut.

Et parce que sa fortune n'est rien au prix de la vôtre... et parce qu'il vous aime, mademoiselle !... Parce qu'il vous adore !

BALTHAZAR, même jeu.

Cornélius ! veux-tu...

CORNÉLIUS, parlant plus fort.

Je te dis que tu l'adores !... moi !... (Bas.) Et ne t'en défends donc pas, grand enfant, puisque c'est moi qui fais ta déclaration !...

SARA, tranquillement.

Mais c'est un très-honnête scrupule, cela, monsieur Cornélius.

CORNÉLIUS, montrant Balthazar.

Oh ! mais il est très-honnête !...

SARA.

Depuis que je suis riche, je vois tant de gens qui m'adorent,

[1] Sara, Cornélius, Balthazar.

que je ne sais vraiment plus ce qu'il faut en prendre, et je vous jure que j'aimerais mieux jeter toute ma fortune dans l'Amstel que d'épouser un homme auquel je pourrais supposer un vilain calcul!...

BALTHAZAR, à Cornélius.

Ah! tu vois bien !... que j'ai raison.

CORNÉLIUS, à Sara.

Quoi! vous supposez que...

SARA, continuant.

Mais, voulez-vous savoir mon rêve?...

CORNÉLIUS, vivement.

Ah! oui!

SARA.

Ah! si je connaissais un homme qui m'eût aimée quand j'étais pauvre... celui-là ne serait point suspect!... Je serais sûre de son cœur... et le mien lui rendrait bien la pareille!

CORNÉLIUS, vivement, montrant Balthazar.

Mais le voilà, celui-là!... mademoiselle! un homme qui vous aime depuis six ans!...

SARA.

Peut-être!... oui !... un peu !...

BALTHAZAR.

Un peu !... tu vois bien !...

CORNÉLIUS, le contenant.

Mais reste donc tranquille!... Je soutiens que tu l'aimais, moi, et s'il faut des preuves...

SARA.

Oh! je n'en veux qu'une toute petite!

CORNÉLIUS.

Une petite ?

SARA, passant devant lui [1].

Oui !... vous rappelez-vous, monsieur Balthazar, cette matinée

---

1. Cornélius, Sara, Balthazar.

où je travaillais chez vous et où l'on apporta des fleurs pour le jardin ?

BALTHAZAR.

Ah! si je me la rappelle!

SARA.

C'étaient des orchidées, qui commençaient à détrôner les tulipes!... Et l'on me permit d'aller les visiter avec vous!... Il y en avait de toutes les formes, et si singulières... l'une ressemblait à une guêpe, l'autre à un papillon! — Mais une surtout les effaçait toutes!... C'était comme un petit cœur tout rose, avec deux ailes bleues, et d'un si joli rose, d'un si joli bleu... je n'ai jamais vu la pareille... et alors...

BALTHAZAR, vivement.

Et alors... laissez-moi vous dire le reste, mademoiselle, — alors, en nous penchant tous deux pour voir la fleur de plus près, je ne sais comment il se fit que vos cheveux effleurèrent un peu les miens, et dans votre empressement à vous retirer, votre main qui tenait la fleur pour la mieux voir, la détacha de sa tige...

SARA.

Oui!..

BALTHAZAR.

J'entends encore votre cri... Je vous vois encore prête à pleurer de cet accident et à me demander pardon, quand ma mère vous appela de la fenêtre... et moi...

SARA, vivement.

Et vous?

BALTHAZAR.

Et moi, resté seul, je ramassai la fleur tombée!

SARA, avec joie.

Vous l'avez ramassée?

BALTHAZAR.

Et je l'ai gardée, en souvenir de ce petit moment de bonheur, si court, mais si doux!

SARA.

Vous l'avez gardée?

BALTHAZAR.

Précieusement! dans un petit médaillon, et je vais vous le montrer!...

SARA.

Oh! oui, tout de suite! — c'est tout ce que je voulais savoir, et je suis bien heureuse, — mon ami!... Si vous avez ramassé la fleur, en souvenir de moi, c'est que vous m'aimiez déjà... et si vous l'avez conservée jusqu'à ce jour, c'est que vous m'aimez encore!...

BALTHAZAR.

Enfin!...

SARA.

Allez la chercher, notre petite fleur aux ailes bleues!... allez, mon ami... c'est le plus joli cadeau que vous pourrez mettre dans notre corbeille de noce!

BALTHAZAR, radieux, courant à Cornélius [1].

La corbeille!... la noce!... Cornélius... tu l'entends!... Elle a dit *notre corbeille de noce!*...

CORNÉLIUS,

Elle l'a dit! (Bruit de voiture.) [2]

BALTHAZAR.

Ah! Sara!... Je pourrai donc l'avouer maintenant, que *je vous aime!*... Et vous le croirez donc!

SARA.

Franchement, mon ami, il fallait le croire un peu pour venir vous voir!

BALTHAZAR.

Ah! je vais la chercher, cette fleur bénie!

CORNÉLIUS, qui a remonté.

Alerte! alerte!... c'est notre oncle qui monte le perron!...

---

1. Balthazar, Cornélius, Sara.
2. Cornélius, Balthazar, Sara.

SARA.

Ah! pas un mot devant lui!... Je veux lui ménager la nouvelle!

CORNÉLIUS, à la porte, veillant.

Oui, oui, épargnez-lui les émotions!...

SARA, à Balthazar.

Demain!... chez moi!... chez nous!

BALTHAZAR.

Oh! demain, toujours et toute la vie!

SARA.

Avec la fleur!...

BALTHAZAR.

Avec la fleur! oui! oui!... (Ils continuent à parler bas et vivement.)

CORNÉLIUS, ouvrant la porte et toussant pour les avertir.

Hem! hem! (La nuit commence.)

SCÈNE VII.

Les Mêmes, VANDERVEN[1].

VANDERVEN, entrant.

Ah! ça va bien maintenant?

CORNÉLIUS, cachant les amoureux, et se retournant à dessein de leur côté.

Oui, ça ne va pas mal!... (A part.) Alors cette petite course? (Même jeu pour les cacher.)

VANDERVEN.

Oui! oui, ça m'a fait du bien!... La voiture est là, ma nièce... allons! (Cornélius tousse.)

SARA, se levant lestement et allant à lui.

Voilà mon oncle!

CORNÉLIUS, surpris[2].

Et l'entorse?

---

1. Vanderven, Cornélius, Sara, Balthazar.
2. Vanderven, Sara, Cornélius, Balthazar.

ACTE PREMIER.

VANDERVEN.

Ah! oui, à propos, et l'entorse?

SARA, un peu embarrassée.

Eh bien!... je ne sais... mais la conversation... la distraction... Je ne sens plus rien!...

VANDERVEN.

Parbleu!... ce n'était rien!

CORNÉLIUS, à part[1].

Rien du tout, même!

BALTHAZAR, bas à Cornélius.

Ah! mon ami, quel esprit!... quelle finesse!

CORNÉLIUS, à part.

Ah! c'est charmant!... tant que c'est pour nous!...

BALTHAZAR, avec cérémonie.

Mademoiselle, me sera-t-il permis d'aller savoir demain de vos nouvelles?

SARA.

Comment donc, monsieur?... mais certainement!... Allons, mon oncle! (Elle sort lestement.)

VANDERVEN.

C'est ça!... venez nous voir!... je vous montrerai mes tableaux.

CORNÉLIUS, poussant Balthazar du côté de Sara, que l'on aperçoit encore dans l'antichambre, et retenant Vanderven.

Vous êtes amateur!

VANDERVEN.

Oh! non!... heureusement, je n'y connais rien... autrement, je me passionnerais.

CORNÉLIUS, ramenant Balthazar par le pan de son habit, tout en saluant Vanderven.

Évitons les émotions! (Vanderven sort.)

BALTHAZAR, arrêtant Cornélius qui va pour fermer la porte.

Oh! laisse-moi la voir encore!

---

1. Vanderven, Sara, Balthazar, Cornélius.

CORNÉLIUS, tendant le bras pour l'empêcher de sortir.

Regarde, regarde, heureux mortel! (On entend retomber la porte extérieure.)

SCÈNE VIII.

CORNÉLIUS, BALTHAZAR, puis CHRISTIANE[1].

CORNÉLIUS, fermant la porte.

Eh bien?...

BALTHAZAR, redescendant.

Ah! que je suis heureux, et que je te remercie!

CORNÉLIUS, descendant.

Oh! saints du paradis! Deux noces à la fois!... vive les mariés! vive madame Balthazar!... vive madame Cornélius!... vive les petits Balthazar! vive les petits Cornélius!

BALTHAZAR.

Mais veux-tu te taire! tu vas réveiller Christiane!

CORNÉLIUS.

Ah! ne réveillons pas Christiane! Et montre-la-moi, ta fleur aux ailes bleues, que je l'admire!

BALTHAZAR.

Ah! elle est bien serrée, va!... au fond de mon secrétaire, dans un petit coffre d'acier, avec tous les bijoux de ma pauvre mère... C'est un médaillon de verre entouré de perles noires, tu vas voir!... Où ai-je mis la clef de mon cabinet! (Il cherche dans ses poches.) Allume donc une bougie... voici la nuit. (Balthazar monte au fond pour chercher la clef de son cabinet dans la poche de son paletot. Cornélius passe à droite, à la cheminée, pour allumer une bougie.)

CHRISTIANE, sortant tout doucement de sa chambre, sans être vue, et les apercevant.

Encore ici!... mon Dieu!... Je ne pourrai pas sortir!... (Regardant vers la fenêtre, où l'on aperçoit un homme, avec manteau et large chapeau.

---

1. Balthazar, Cornélius.

ACTE PREMIER.

CORNÉLIUS, à la cheminée.

Eh bien ! où diable sont donc les allumettes?

BALTHAZAR.

A droite.

CORNÉLIUS.

Ah ! oui.

CHRISTIANE.

Il est là !... (Elle traverse et va au bahut, où elle prend le petit paquet tandis que Balthazar ouvre la porte du cabinet et que Cornélius allume la bougie Arrivée à la fenêtre, elle l'ouvre, et on voit une ombre d'homme, enveloppé d'un grand manteau. Elle lui tend le paquet.) Prenez !... vite !... vite !... Je sortirai tout à l'heure !... (Elle ferme la fenêtre tout doucement, gagne l'escalier de Gudule à reculons et disparaît.)

BALTHAZAR, à Cornélius.

Éclaire donc !

CORNÉLIUS, marchant en abritant sa lumière.

Voilà ! voilà ! Je te suis !...

BALTHAZAR, dans le cabinet, poussant un cri

Ah !... Cornélius !...

CORNÉLIUS, s'arrêtant.

ein?...

BALTHAZAR.

Cornélius !... Cornélius !... (Il reparaît sur le seuil, tout pâle et tout ému.)

CORNÉLIUS.

Eh bien !...

BALTHAZAR.

Ah ! mon Dieu !... ah ! mon ami !... on a volé !...

CORNÉLIUS, laissant tomber son flambeau.

Volé !...

BALTHAZAR.

Volé !... Tout volé ! (Ils cherchent la lumière à tâtons, la toile tombe.)

FIN DU PREMIER ACTE.

ACTE DEUXIÈME

Le cabinet de Balthazar. A droite (spectateur) une cheminée. A gauche, une fenêtre fermée munie de barreaux. Plus haut, dans le pan coupé, une porte d'entrée ouverte sur la grande pièce du premier tableau. Au fond, un corps de bibliothèque. A droite, deuxième plan, pan coupé, un secrétaire à la Tronchin ; entre le secrétaire et la bibliothèque, un cartonnier très-élevé, d'une dizaine de cartons. Une table à gauche devant la fenêtre, fauteuils, chaises, etc. Une vieille boiserie règne tout autour de la pièce à hauteur d'homme. Le reste est revêtu d'une tenture de cuir basané. Un fauteuil à droite.

SCÈNE PREMIÈRE.

CORNÉLIUS, BALTHAZAR, puis TRICAMP dans la coulisse.

Au lever du rideau, le cabinet est dans le plus grand désordre. Les deux cartons supérieurs du cartonnier sont gisants à terre, à demi brisés, et tous les papiers qu'ils contenaient se sont dispersés par toute la chambre. Sur la table, un gros portefeuille de maroquin est renversé, la serrure brisée, béant, et a versé sur le tapis et la table une foule de lettres de toutes dimensions. — Le secrétaire a été forcé. Toute la partie du couvercle adhérente à la serrure est déchiquetée, hachée, et la serrure pend, tout d'une pièce, le pêne n'étant pas sorti de la gâche. Le couvercle arraché pend de côté, de manière à laisser voir l'intérieur du meuble et plusieurs tiroirs dont deux seulement sont sortis de leurs alvéoles. — Au-dessus du secrétaire, dans le mur, un peu plus haut que la boiserie, une sorte de couteau persan est fixé dans la cloison. Au plafond, le fil de fer de la sonnette dont le cordon se trouve à droite de la porte, et qui traverse au fond toute la décoration, est brisé au-dessus du secrétaire, les deux fragments du fil sont pendants, et l'un d'eux, le plus long, celui qui communique avec le cordon, paraît tordu à son extrémité, en forme d'anneau. — Balthazar et Cornélius, le flambeau à la main, contemplent ce dégât avec stupeur. — A terre, un petit coffret d'acier fermé.

CORNÉLIUS[1].

Ah ! mon Dieu ! — Mais qui a fait cela ?

1. Balthazar, Cornélius.

BALTHAZAR, courant d'un objet à l'autre.

Et le portefeuille!... et le cartonnier!... et le secrétaire!...

CORNÉLIUS.

On a pris l'argent?

BALTHAZAR.

Trois cents florins, quinze cents ducats... Tout disparu!... Tout, et le coffret aux bijoux?...

CORNÉLIUS, vivement.

Cela? (Il ramasse le petit coffre d'acier.)

BALTHAZAR, l'ouvrant.

Vide!... On a tout pris, jusqu'au médaillon.

CORNÉLIUS.

Le médaillon aussi!...

BALTHAZAR.

Oh! le misérable. Il m'a pris mon médaillon!... Au voleur! (Il court à la fenêtre, qu'il ouvre, et crie dehors.) Au voleur!...

CORNÉLIUS.

Mais ne crie pas!...

BALTHAZAR.

On a pris mon médaillon, ma fleur, et tu ne veux pas que je crie!...

CORNÉLIUS, cherchant à le calmer.

Mais... voyons!...

BALTHAZAR, hors de lui.

Pardieu! Je me moque bien de l'argent! mais le médaillon!... C'est mon mariage, c'est mon bonheur. Je n'oserai plus me présenter devant Sara : j'aurais l'air d'avoir menti.

CORNÉLIUS.

Écoute!

BALTHAZAR, sans l'écouter.

Non!... Le bourgmestre monsieur Tricamp loge en face!... Je vais le réveiller, moi!... (A la fenêtre.) Monsieur Tricamp, réveillez-vous!... levez-vous!... Au voleur!...

2.

TRICAMP, dehors.

Hé! là!... monsieur... Quel tapage!...

BALTHAZAR, à la fenêtre.

Ah! monsieur Tricamp... vous êtes dans la rue?... C'est le ciel qui vous envoie.

TRICAMP, dehors.

Prenons que c'est le ciel... je rentre du bal!... Qu'y a-t-il donc?

BALTHAZAR.

Je suis volé, monsieur Tricamp!... On a dévalisé mon cabinet, mon secrétaire!... Venez voir!...

TRICAMP.

Ah! diable!... Je vais voir en effet!... Le temps d'ôter ces habits de bal, et je suis à vous!

BALTHAZAR.

Non, non! monsieur le bourgmestre; tout de suite, s'il vous plaît!

TRICAMP.

Laissez-moi du moins le temps de mettre à sa porte cette aimable dame à qui je donne le bras! (On entend le marteau d'une porte.)

BALTHAZAR.

Mais, monsieur...

TRICAMP.

Mais je vous dis que je suis à vous!... Et voici justement trois agents qui accourent à vos cris!... Ouvrez-moi!

BALTHAZAR.

J'y vais! (Il sort par le fond. Cornélius, seul en scène, va d'un objet à l'autre.)

TRICAMP, dehors.

Chère madame, permettez-moi de baiser votre belle main.

LA VOIX DE LA DAME.

Bonne nuit, monsieur Tricamp.

TRICAMP.

Je tâcherai de penser à vous, belle dame.

BALTHAZAR, dehors.

Par ici, monsieur!

TRICAMP, de même.

Voilà!... voilà!...

CORNÉLIUS, contemplant le dégât.

Mais qui donc, qui a pu faire cela?

SCÈNE II.

BALTHAZAR, TRICAMP, CORNÉLIUS.

BALTHAZAR, précédant Tricamp sur la scène.

Par ici, monsieur, par ici!

TRICAMP, dehors à ses agents qui paraissent au fond.

Restez là, vous autres, et arrêtez quiconque fera mine d'entrer ou de sortir! (Il entre, la mine souriante; en tenue de soirée, pantalon collant, claque sous le bras, lorgnon à la main, etc.) Voilà pourtant ce que c'est! On a dansé toute la nuit... on ramène une jolie dame... on se figure!... Eh bien! pas du tout!...

BALTHAZAR, éclairant le désastre.

Regardez, monsieur, regardez!

TRICAMP.

Ah! ah!... c'est ici! Pardon! Je suis un peu myope!... (Il regarde avec son lorgnon.)

BALTHAZAR.

Et ici, monsieur!

CORNÉLIUS.

Et là!

BALTHAZAR.

Et le secrétaire!

CORNÉLIUS[1].

Et le portefeuille plein de lettres!

1. Cornélius, Tricamp, Balthazar.

BALTHAZAR.

Les cartons!

TRICAMP, lorgnant avec satisfaction.

Oui-da!... — Très-bien! très-bien!

BALTHAZAR.

Et on n'a rien entendu, monsieur, et on n'a rien vu!

TRICAMP, lorgnant.

Le secrétaire forcé!... Le portefeuille forcé!... Très-bien, parfait!...

BALTHAZAR.

Comment! parfait?

TRICAMP.

On a pris l'argent, n'est-ce pas?

BALTHAZAR.

Tout l'argent, monsieur.

TRICAMP.

Bon! très-bien!...

CORNÉLIUS.

Et les bijoux!...

BALTHAZAR.

Et mon médaillon!

TRICAMP.

Bon! — Bravo! — Vol avec effraction! dans une maison habitée! Au moins je ne me serai pas dérangé pour rien! (Cornélius et Balthazar se regardent surpris.) Et vous ne soupçonnez personne?

BALTHAZAR, désespéré.

Mais personne!

TRICAMP.

Tant mieux!... Tant mieux! — Nous aurons le plaisir de la découverte!

CORNÉLIUS, stupéfait.

Ah!

TRICAMP, lorgnant toujours en allant d'un objet à l'autre.

Je sors justement de chez l'ambassadeur de Suède qui mariait sa demoiselle!... Un charmant homme, le connaissez-vous?... Non! — Et sa femme! Voilà une jolie femme... Autrefois!... quand j'étais le plus beau garçon d'Amsterdam!... Il en reste bien quelque chose... je parle d'elle!... de moi aussi, du reste! — Enfin, cette chère dame me disait tout à l'heure : « Mais, mon Dieu! monsieur Tricamp, on ne vole donc plus à Amsterdam! — Pas le plus petit crime pour nous faire peur!... Tâchez donc de nous découvrir une jolie histoire de brigands... Eh bien! voilà l'affaire, tenez! comme cela se trouve!...

BALTHAZAR.

Mais ça se trouve mal!

TRICAMP, continuant son examen.

Bah! — laissez donc! Cela va nous occuper, nous distraire! — Vous n'imaginez pas comme c'est amusant de courir après un voleur!

CORNÉLIUS.

Quand on l'attrape tout de suite!

TRICAMP, de même.

Oh! bien, si on l'attrape tout de suite, il n'y a pas de charme! C'est comme à la chasse!... (A Balthazar.) Est-ce que vous chassez, vous?

BALTHAZAR.

Oui... non, je ne sais pas... mais vous...

TRICAMP, l'interrompant.

Oh! moi! quelquefois encore!... (Il remonte à la porte.)

BALTHAZAR, à Cornélius.

Ah! mais il me fait mourir!... cet homme-là!

CORNÉLIUS, à demi-voix.

Laisse-le faire!... En ma qualité de savant, je respecte tous les procédés... et toutes les manies!

TRICAMP, au fond.

Or ça, nous disions donc que voici la porte!

BALTHAZAR.

La seule, monsieur, je vous prie de le remarquer!

TRICAMP[1], faisant jouer la clef dans la serrure.

Une jolie serrure!... Parfaitement intacte, du reste! — Vous avez la clef sur vous?

BALTHAZAR.

Elle ne me quitte jamais, monsieur!... Et puis, il y a un secret!

TRICAMP, regardant la clef.

Oh!... les secrets de serrure!... c'est comme les secrets de femme!... (Il tourne la clef dans la serrure,) Voilà votre secret, tenez!

BALTHAZAR.

C'est vrai!

TRICAMP.

Il n'est pourtant pas probable qu'on ait la clef pareille, et la serrure n'a pas été travaillée! — C'est net, sonore et facile. Le voleur n'est pas entré par là! — Voyons la fenêtre!...

CORNÉLIUS.

La fenêtre était fermée, monsieur, et c'est mon ami qui vient de l'ouvrir pour vous appeler!

TRICAMP, lorgnant.

D'ailleurs je vois des barreaux, n'est-ce pas?

BALTHAZAR, prenant la bougie pour éclairer,

Très-rapprochés! — Un enfant ne passerait pas!

TRICAMP, prenant une règle sur la table.

Très-bien!... Voyons la cheminée!

BALTHAZAR[2], le suivant, en l'éclairant.

Ici, monsieur!

TRICAMP, à genoux devant la cheminée, et frappant à l'intérieur sur un tambour de maçonnerie.

Qu'est-ce que c'est que ça?

1. Tricamp, Balthazar, Cornélius.
2. Cornélius, Balthazar, Tricamp.

BALTHAZAR.

C'est une maçonnerie que j'ai fait construire l'hiver dernier pour établir un poêle.

TRICAMP, à genoux et regardant.

Il n'y a donc que l'orifice du tuyau qui soit praticable?...

BALTHAZAR, éclairant.

Comme vous voyez!

CORNÉLIUS.

Et c'est large comme cela tout au plus!...

TRICAMP, à genoux.

Ah!... très-bien!... Le voleur n'est pas encore entré par là!

CORNÉLIUS[1], passant au coin de la cheminée.

Mais, monsieur, s'il n'est entré ni par la porte, ni par la fenêtre, ni par la cheminée... comment voulez-vous?...

TRICAMP, l'interrompant, toujours à genoux.

Eh bien! voilà le piquant du jeu, monsieur! — Si les voleurs entraient comme tout le monde, il n'y aurait plus de plaisir!... Il nous reste encore le plafond. — Voyons le plafond. (Il se relève.)

BALTHAZAR, levant la lumière.

Vous voulez qu'il soit descendu?...

TRICAMP, l'interrompant et lorgnant le couteau fiché dans la cloison.

Ah! ah! qu'est-ce que je vois briller là-bas?... — Un couteau!

CORNÉLIUS.

C'est vrai!... (Ils remontent.)

BALTHAZAR.

Oui!... — C'est une arme orientale qui est ordinairement placée sur la tablette du secrétaire.

TRICAMP.

Bon! nous brûlons! — Et plus haut, est-ce que je ne vois pas quelque chose qui pend?...

CORNÉLIUS, vivement.

Si!... un fil de fer!

---

1. Balthazar, Tricamp, Cornélius.

BALTHAZAR, de même.

Celui de la sonnette!

TRICAMP.

Nous brûlons! nous brûlons!... Votre secrétaire est solide?

BALTHAZAR.

Vous voulez?...

TRICAMP.

Ah! ah! j'en ai fait bien d'autres en mon jeune temps! (Il monte sur une chaise et de là sur la tablette supérieure du secrétaire.) C'est une cloison?... (Il frappe sur la cloison.)

BALTHAZAR.

Très-légère!

TRICAMP, lorgnant plus haut.

Eh bien! maintenant, si vous voulez voir par où il est entré, votre voleur, tenez! regardez! (Il soulève avec la règle un morceau de tenture parfaitement carré et décollé sur trois de ses bords, de manière à former soupape, — et l'on voit dessous un œil-de-bœuf assez grand pour laisser passer un homme.) Voici la porte!

BALTHAZAR ET CORNÉLIUS, stupéfaits.

Ah!

TRICAMP.

Vous voyez bien qu'on y arrive, sans se presser!

BALTHAZAR.

L'œil-de-bœuf!... Je l'avais oublié!... voilà dix ans qu'il est condamné!

TRICAMP, regardant.

Très-bien! très-bien! et voici le morceau de tenture rapporté qu'on a très-adroitement décollé, — C'est parfait! (S'asseyant sur la tablette supérieure du secrétaire.) Parbleu! cela me rappelle certaine aventure à Gand... quand j'avais vingt ans!... Il faudra que je vous raconte cela! C'est bien drôle!... (S'époussetant.) Ah! fi! — pouah!... la vilaine poussière!...

BALTHAZAR.

Mais comment l'a-t-on deviné?

ACTE DEUXIÈME.

TRICAMP.

L'œil-de-bœuf?... Tiens! — Quand vous voyez passer dans la rue un monsieur qui a une pièce dans le dos..., est-ce que vous ne devinez pas tout de suite qu'il y a eu déchirure à son habit?

BALTHAZAR.

C'est vrai.

TRICAMP, se levant et debout sur le secrétaire.

Maintenant, l'affaire est d'une simplicité parfaite!... Elle est même trop simple! — Le voleur est descendu par là, en se laissant glisser; et ce fil de fer, brisé dès le début, quand il était à portée de sa main, a pu lui servir de soutien : remarquez bien..., remarquez bien, messieurs..., que le fragment tordu pour l'usage de la main n'est pas celui qui aboutit à la sonnette dans l'autre chambre, et qui l'eût mise en branle, mais l'autre qui ne pouvait agiter que le cordon!... (Il montre le cordon, à gauche de la bibliothèque.)

BALTHAZAR.

C'est vrai!...

TRICAMP.

Seulement, la sortie n'était pas facile. Il a bien pu monter sur le secrétaire comme moi, mais il était encore loin de l'œil-de-bœuf. — C'est alors qu'il a dû prendre le couteau, le fixer fortement dans la cloison, et s'en faire un échelon pour le pied!... C'est primitif! c'est primitif!...

BALTHAZAR.

Évidemment!... Mais les cartons?...

TRICAMP.

Ah! quant aux cartons, dont rien ne justifie le pillage, il est facile de comprendre que notre homme a pu trébucher en grimpant. Dès lors il s'est raccroché au premier objet à sa portée, c'est-à-dire au cartonnier. Or, suivez le mouvement, suivez-moi bien... Tandis que le pied droit porte sur le couteau (il fait le geste), le pied gauche, balancé dans le vide, va s'appuyer et peser un moment sur le cartonnier, qui bascule sous le poids, comme ceci (il penche le cartonnier avec son pied), et les deux cartons supérieurs glissent et roulent sur le tapis où ils se brisent;... mais mon voleur, raffermi par ce léger appui, se cramponne au bord de l'ouverture! — Son pied se lève, et le cartonnier, soustrait à l'impulsion, reprend l'équilibre... (Il lâche le cartonnier, qui reprend sa position normale.) Comme cela!

BALTHAZAR.

C'est vrai!

TRICAMP, s'époussetant.

Est-ce clair, logique et rationnel? (Repoussant la main que lui tend Cornélius et descendant lestement.) Laissez donc, laissez donc! j'en ai fait bien d'autres...

BALTHAZAR.

Ah! monsieur le bourgmestre, c'est admirable! rien ne vous échappe!

TRICAMP, avec complaisance.

Rien.

CORNÉLIUS.

Excepté le voleur!...

BALTHAZAR.

C'est vrai, il a raison; le voleur nous échappe! — Courons!... (Il s'élance vers la porte.)

TRICAMP, s'asseyant dans le fauteuil et s'époussetant tranquillement.

Oh! courons! courons!... Mon Dieu! nous l'attraperons bien assez tôt!

BALTHAZAR.

Comment, assez tôt?

TRICAMP, se prélassant dans le fauteuil et savourant une prise.

Vous ne savez pas faire durer le plaisir, vous! — La belle avance, quand il sera pris; ce sera fini. Tandis que maintenant... c'est amusant de le regarder courir!... Je me dis : — Va! va! cours, trotte!... fourre-toi dans les entrailles de la terre. — Moi, de mon fauteuil, sans bouger, et par la seule force de l'induction et de la logique, je vais savoir qui tu es, d'où tu viens, où tu vas..., et pour cela, je n'ai plus qu'une seule chose à faire! — m'assurer de ton tempérament!

BALTHAZAR, stupéfait.

Son tempérament?

TRICAMP.

Parfaitement.

BALTHAZAR.

Nous avons bien le temps de...

TRICAMP.

Oh! pardonnez-moi, nous ne saurions mieux aire!... Asseyez-vous donc. — L'application des connaissances physiologiques aux informations judiciaires est un fait désormais accompli. Elle a remplacé la torture, messieurs : c'est la gloire du dix-neuvième siècle. — Demandez plutôt à monsieur, qui est savant.

CORNÉLIUS, assis à droite.

Ah! vous avez deviné?...

TRICAMP, prisant tranquillement.

Parbleu! à ces deux bosses, là et là... Vous avez la *causalité* très-développée. Et puis, à tout ce que je disais tout à l'heure, monsieur s'écriait : C'est clair! c'est évident! c'est superbe! — Vous, rien! Voilà le savant!

BALTHAZAR, impatienté.

Mais, monsieur le bourgmestre, pendant que vous parlez...

TRICAMP.

Mais asseyez-vous donc là, vous; asseyez-vous donc! (Il fait asseoir Balthazar, qui se résigne.) Comment voulez-vous remonter à la source du crime, si vous vous privez volontairement des caractères par lesquels le criminel s'affirme et se dénonce lui-même? — Mais, mon cher monsieur, dans la façon dont le crime est commis; dans le plus ou moins de brutalité, de finesse, de précipitation, d'esprit, de propreté qui préside à son accomplissement, soyez sûr que le coupable se révèle tout entier : c'est sa signature. — Il ne s'agit que de la déchiffrer.

BALTHAZAR.

Eh bien, déchiffrons le nom du mien !... vite !

TRICAMP, sans bouger, avec complaisance.

Ainsi, on m'amène hier matin deux femmes... Je passe généralement pour connaître assez bien les femmes !... Je les ai tellement étudiées !... Celles-là étaient deux servantes également suspectes d'avoir volé un châle à leur maîtresse. — J'ai désigné la coupable à première vue ! — La voleuse avait le choix de deux cachemires, l'un bleu, l'autre jaune : elle avait pris le bleu. — Or, l'une des servantes était blonde et l'autre brune. J'étais sûr de ne me pas tromper en arrêtant la blonde. La brune eût évidemment pris le châle jaune.

CORNÉLIUS.

C'est du Salomon ! (Il se lève.)

TRICAMP.

C'est de la physiologie !

BALTHAZAR, se levant.

Monsieur le bourgmestre, déchiffrons !... je vous en prie, déchiffrons le nom !

TRICAMP, se levant.

Le nom ?... Je ne vous le dirai pas tout de suite ; mais ce que je puis attester d'abord, malgré l'adresse apparente avec laquelle cette tenture est détachée du mur, c'est que le coupable en est à ses premières armes. — Regardez-moi ce portefeuille grossièrement éventré, ce secrétaire forcé d'une façon brutale et sauvage... Quel fouillis ! quel gâchis !... Est-ce *travaillé* sans grâce et sans goût ?... Et cette serrure qui pend !... C'est lamentable, monsieur !... Il n'a pas seulement su faire sauter le pêne de sa gâche ! Et ça ! et ça !... Aujourd'hui que l'industrie anglaise nous fabrique des *monseigneurs* et des *rossignols* d'une commodité, d'une souplesse !... (Avec chaleur.) Mais je vous ferai connaître, messieurs, quand vous voudrez, des artistes en ce genre, qui vous forceront votre secrétaire en trois minutes, montre en main... Et vous n'y verrez rien !... et vous serez enthousiasmés !...

ACTE DEUXIÈME.

BALTHAZAR.

Enfin, c'est un novice ?

TRICAMP.

Et un novice qui n'est ni grand, ni robuste; car il a besoin d'un cordon de sonnette pour descendre, et d'un couteau pour monter... là où un homme de taille et de vigueur raisonnables grimperait facilement, par la seule force du poignet.

CORNÉLIUS.

Pourtant ce secrétaire dont le bois est en charpie..

TRICAMP.

Eh! monsieur, voilà justement où se révèle la faiblesse! — La véritable force est sereine et calme, car elle est sûre d'elle-même (Avec force.) Elle donne un coup de poing, un seul! sur un secrétaire arrondi qui ne demande qu'à sauter, et il saute!... Mais ceci est l'œuvre d'un impuissant qui s'acharne et qui perd la tête!... L'objet résiste, il frappe, il cogne à tort et à travers, il le met en fagot, en miettes, en bouillie!... Physiologie : des nerfs et pas de muscles!... Travail d'enfant ou de femme !

BALTHAZAR.

De femme ?

TRICAMP.

Mais depuis dix minutes, messieurs, je n'en doute plus; et pour me résumer, voici son signalement : C'est une femme jeune et souple, car elle escalade; — petite, car elle a besoin d'échelons; — brune, ardente et nerveuse, c'est assez visible; — familière avec vos habitudes, car elle a profité de votre absence !... Et enfin, pour tout dire en un mot, si vous avez ici ou une jeune maîtresse ou une jeune servante... ne cherchez pas plus loin... c'est elle !

BALTHAZAR ET CORNÉLIUS.

Christiane !

TRICAMP.

Ah! il y a une Christiane !... Eh! bien, c'est Christiane

CORNÉLIUS.

Christiane !... Allons donc, Monsieur !... cherchez ailleurs !... mais celle-là... c'est impossible !...

BALTHAZAR.

Il a raison, monsieur le bourgmestre... Une jeune fille élevée ici... une sœur !...

CORNÉLIUS.

Vous ne la connaissez pas, monsieur, et c'est trop de légèreté que d'accuser une enfant !...

TRICAMP, l'interrompant tranquillement.

Voulez-vous gager avec moi, monsieur... qu'elle n'est pas dans sa chambre ?

CORNÉLIUS.

Elle ?

BALTHAZAR.

Mais la voilà sa chambre !... c'est là, derrière. (Il montre la cloison où se trouve percé l'œil-de-bœuf.)

TRICAMP.

Là !... Et vous doutez encore ?

CORNÉLIUS, courant à la cloison et frappant en appelant.

Christiane !... Christiane !... (Silence.)

TRICAMP.

Vous voyez bien qu'elle n'y est pas. (Il s'assied dans le fauteuil.)

CORNÉLIUS.

Ah ! je vous dis que je vous l'amènerai, moi, et que vous n'oserez pas l'accuser en face !... (Christiane paraît sur le seuil, suivie de deux agents.)

BALTHAZAR.

La voilà !...

CORNÉLIUS.

Vous le voyez bien qu'elle ne songe pas à fuir !

SCÈNE III.

Les Mêmes, CHRISTIANE, DEUX AGENTS.

PREMIER AGENT [1].

Monsieur le bourgmestre, c'est une jeunesse que nous avons arrêtée, comme elle tirait les verrous pour sortir.

CORNÉLIUS ET BALTHAZAR.

Pour sortir ?

CHRISTIANE, tranquillement, après avoir regardé M. Tricamp avec surprise.

Mais qu'est-ce que l'on me veut donc ? Monsieur Balthazar, dites-donc à monsieur qui je suis.

BALTHAZAR.

D'où viens-tu ?

CHRISTIANE.

De là-haut. Gudule a si peur du tonnerre, elle croit toujours que l'orage va recommencer ; enfin elle s'est endormie ; moi aussi, à côté d'elle, dans un fauteuil, et puis je suis descendue et j'allais tirer les verrous...

TRICAMP, assis, et la lorgnant.

Pour fuir.

CHRISTIANE, naïvement.

Pour fuir!... moi !... Comment, fuir ?

TRICAMP, à lui-même.

Ah ! nous ne manquons pas d'aplomb.

BALTHAZAR, attirant Christiane par la main, et lui montrant le secrétaire.

Regarde ! et je te répondrai...

CHRISTIANE, se retournant et regardant sans comprendre.

Ah ! mon Dieu ! Qui est-ce qui a fait tout cela ?

---

1. Balthazar, Christiane, Cornélius, Tricamp, assis.

TRICAMP, souriant.

C'est vous !

CHRISTIANE.

Moi ?... (Elle les regarde d'un air stupéfait, puis ramenant ses regards vers le secrétaire, elle aperçoit les tiroirs vides, se détourne vers les agents et pousse un cri déchirant.) Ah! vous dites que je vous ai volé ?... (Elle regarde Balthazar, qui détourne les yeux, puis elle porte la main à son cœur comme si elle étouffait; essaie de parler et ne peut dire que ces mots entrecoupés :) Volé ! moi !... volé !... moi.... volé !... (Elle tombe comme une morte dans les bras de Cornélius.)

CORNÉLIUS, la soutenant.

Oh !... quand je vous dis, moi, que cette enfant n'est pas coupable !..

FIN DU DEUXIÈME ACTE.

ACTE TROISIÈME.

La chambre de Christiane. — A droite, premier plan, une fenêtre ; à gauche de cette fenêtre, une sonnette. — Au deuxième plan, pan coupé, la porte d'entrée. — Au fond, alcôve et lit. — A gauche, premier plan, une cheminée. — Au deuxième plan, pan coupé, une commode, avec un tiroir ouvert. Au-dessus, l'œil-de-bœuf qui communique avec le cabinet de Balthazar. La tenture, décollée comme dans l'autre pièce, est rabattue à moitié. Entre la porte et la fenêtre, une table, une chaise. Une autre chaise, à gauche, devant la cheminée. Une autre encore, au fond, devant le lit. — Il fait nuit.

SCÈNE PREMIÈRE.

TRICAMP, Deux Agents.

PREMIER AGENT, entrant, une lumière à la main.

Monsieur le bourgmestre, si vous voulez entrer, c'est la chambre de la demoiselle.

TRICAMP, entrant.

On ne peut pas obtenir d'elle trois paroles : laissons-la pleurer et ne perdons pas de temps ! Vous allez, tous les deux, vous poster dans la rue, entendez-vous ?...

DEUXIÈME AGENT [1].

Oui, monsieur le bourgmestre !

TRICAMP.

Et tout ce que vous observerez...

PREMIER AGENT.

Monsieur Tricamp, avec votre permission, il y a déjà un renseignement.

---

1. Tricamp, les agents.

TRICAMP.

Qu'est-ce que c'est ?...

PREMIER AGENT.

Le boulanger qui demeure en face m'a raconté que, vers le soir, il a vu mademoiselle Christiane à la fenêtre de la rue, celle de la grande pièce. Elle glissait un paquet à un homme avec manteau et grand chapeau... Il n'a pas vu sa figure ! Elle a crié à l'homme... Attendez-moi... tout à l'heure... Puis elle a fermé la fenêtre... L'homme s'est éloigné... et c'est une ou deux minutes après que monsieur Vanderlys a crié : Au voleur !

TRICAMP.

Très-bien ! (Au deuxième agent.) Prenez le nom du témoin, et rôdez tout autour de la maison ; le premier individu suspect qui paraît...

DEUXIÈME AGENT.

Arrêté ! Soyez tranquille, monsieur le bourgmestre. (Il sort.)

TRICAMP.

Vous, Brauwer, allez me quérir cette vieille Gudule, la gouvernante ! Elle couche au premier étage... frappez fort !... il paraît qu'elle est sourde !

PREMIER AGENT.

J'y vais, monsieur Tricamp. (Il sort.)

TRICAMP, seul, prisant.

Eh bien, cela commence à prendre une petite tournure ! Une jeune fille intéressante... un paquet... un complice avec un grand manteau ! Parfait !... Cette petite chambre me rappelle certaine aventure... à Louvain... quand j'étais jeune...

SCÈNE II.

TRICAMP, BALTHAZAR.

TRICAMP.

Eh bien, notre jeune fille ?...

BALTHAZAR.

Toujours dans le même état, monsieur. Cornélius cherche à la consoler ! Elle ne répond que par des larmes et des sanglots.

TRICAMP.

Très-bien !

BALTHAZAR.

Ah ! vous trouvez que c'est ?...

TRICAMP.

Parfait ! en voilà pour vingt minutes ! c'est la crise nerveuse que j'attendais !... (Regardant sa montre.) Il est deux heures du matin : à deux heures et demie, réaction, abattement !... elle avouera tout d'elle-même, ce sera le moment de l'interroger !

BALTHAZAR.

Et vous pensez que ce moyen-là ?...

TRICAMP.

C'est le seul, jeune homme ! Je connais les femmes !... je les ai spécialement étudiées ! — Beaucoup trop fines, les femmes, beaucoup trop fortes pour que je m'avise de lutter avec elles !... il n'y a qu'une seule façon de les battre : c'est de les laisser s'enferrer elles-mêmes ! Ainsi, dans toutes mes petites explications, on a toujours de petites explications, n'est-ce pas ?... Et vous savez comment la dame se défend... « Moi, vous tromper ! moi ! aimer un autre que vous, Frédéric ! » — Je m'appelle Frédéric. — « Mais je ne l'ai jamais vu, cet homme, etc... » — Vous connaissez cela ? très-bien ! — Moi !... pas un mot ! — La dame continue ! « Eh bien, oui, j'ai peut-être fait semblant de l'aimer, parce que j'étais jalouse et parce que je voulais vous ramener à moi !... etc... » Vous connaissez encore cela ! — Bon ! — Moi, pas un mot ! — « Et quand je l'aimerais après tout, j'aurais bien raison, car ce n'est pas lui qui me ferait une scène pareille ! oh ! non ! vous ne m'aimez plus ! » — Moi ! pas un mot ! « — Mais répondez donc !... mais c'est affreux !... mais on n'accuse pas ainsi une femme innocente !... mais parlez, parlez donc ! » — Moi ! pas un mot ! — « Ah ! tenez ! vous m'exaspérez !... vous êtes un monstre !...

Eh bien, oui, je l'aime!... Et je vous exècre... entendez-vous... et je l'adore!...» — Eh bien, c'est tout ce que je voulais. Je prends mon chapeau, et le tour est joué ; mais si j'avais discuté, monsieur, je ne lui donnais pas dix minutes pour me faire tomber à ses pieds.

BALTHAZAR.

Et vous croyez que Christiane avouera?..

TRICAMP.

D'elle-même ! vous dis-je.

BALTHAZAR.

Non ! ce n'est pas possible !

TRICAMP.

Nous verrons bien ! — Voici sa chambre, n'est-ce pas ?

BALTHAZAR.

Oui, monsieur.

TRICAMP.

Vous voyez que j'avais raison, et que le lit n'est pas défait.

BALTHAZAR.

C'est vrai ! et pourtant je ne peux pas croire...

TRICAMP, prenant une chaise près du lit, et la plaçant sur la commode.

Il faut tout croire !

BALTHAZAR.

Mais si vous vous trompez, monsieur !...

TRICAMP.

Ah! voilà la seule chose qu'il ne faut pas croire ! Voyez cette chaise, et comme l'escalade est facile !

BALTHAZAR.

Non ! je ne veux rien voir ! c'est votre métier, à vous, de chercher des coupables partout ! Mais Cornélius a raison de la défendre ! Vous ne savez pas à quel point elle est honnête, et pure, et douce, et bonne, et dévouée !... c'est l'enfant de la maison, presque ma sœur !... une petite fille que ma mère a recueillie dans une église, au moment !... (Il s'arrête, frappé à cette pensée.) Ah ! (A lui-même.) Ah ! mon Dieu ! c'est vrai ! elle avait volé !

TRICAMP, qui a regardé dans le tiroir de la commode.

Ne parliez-vous pas de bijoux pris dans le secrétaire ?

BALTHAZAR, poursuivant sa pensée.

Ah! surtout un médaillon qui a pour moi un prix inestimable.

TRICAMP, descendant.

Un médaillon d'or ?

BALTHAZAR.

Oui, entouré de perles noires.

TRICAMP, lui présentant une perle.

Comme celle-ci, n'est-ce pas ?

BALTHAZAR.

Une perle! une perle noire!

TRICAMP, la posant à terre et frappant sur la perle avec le talon.

C'est du bronze ! Croyez-vous que mademoiselle Christiane en ait à semer, de ces perles-là ?...

BALTHAZAR.

Où l'avez-vous trouvée ?...

TRICAMP, montrant le tiroir.

Là dedans ! c'est le chemin pour descendre.

BALTHAZAR.

Et le médaillon ?... (Il court à la commode et fouille partout.)

TRICAMP.

Non ! c'est une perle égarée ! voilà tout !

BALTHAZAR.

Qui sait ?

TRICAMP.

Je vous dis que vous ne trouverez rien !... Elle a fait paquet de tous les objets volés, et les a passés par la fenêtre à son complice, — on l'a vue...

BALTHAZAR, descendant.

On l'a vue ?

TRICAMP, regardant l'heure à sa montre.

On l'a vue.

BALTHAZAR, atterré.

Ah! vous avez raison! il faut tout croire maintenant! tout est possible!

SCÈNE III.

Les Mêmes, CORNÉLIUS.

TRICAMP, à Cornélius.

Eh bien?

CORNÉLIUS.

Eh bien, rien!

TRICAMP.

Elle est seule?

CORNÉLIUS.

Non! j'ai laissé un de vos hommes avec elle... Je veux entendre ce que dira Gudule qui descend.

TRICAMP.

Monsieur le savant doute encore?...

CORNÉLIUS.

Ah! certes, je doute!

BALTHAZAR.

Tu as la fièvre!

CORNÉLIUS.

On l'aurait à moins... Mais voyons... cette Gudule... qu'on l'entende...

TRICAMP.

Patience, la voici.

SCÈNE IV.

Les Mêmes, GUDULE.

PREMIER AGENT, au fond.

Allons, marchez, la bonne femme.

ACTE TROISIÈME.

GUDULE[1].

Mon Dieu! mon bon maître! qu'est-ce qu'il y a donc?... ils m'ont réveillée si brusquement... Ah! mon Dieu! qu'est-ce qu'on me veut donc?... (Tricamp fait signe aux agents qui sortent.)

BALTHAZAR.

Rassure-toi, ma bonne Gudule! ce n'est pas de toi qu'il s'agit... mais on a commis un crime ici... on m'a volé!

GUDULE.

On a volé?

BALTHAZAR.

Oui.

TRICAMP, prenant la chaise à gauche, et s'asseyant.

Oui, ma bonne femme! et nous cherchons le coupable.

GUDULE.

Ah! mon Dieu! mais jamais ce n'est arrivé, ça!... mais voilà trente ans, monsieur, que je suis ici... et il n'a jamais disparu une épingle!... Ah! mon Dieu! mon Dieu! il fallait que ça arrivât avant que je fusse morte!

TRICAMP.

Voyons, ma brave femme, voyons!

BALTHAZAR.

Personne ne songe à t'accuser, entends-tu bien?

GUDULE.

Oh! je le pense bien, notre maître! mais si on a volé quand j'étais là, c'est donc ma faute aussi!

TRICAMP, assis.

Eh bien, voilà justement ce qu'il s'agit de savoir, ma bonne Gudule.

BALTHAZAR.

Parlez un peu plus haut, vous savez qu'elle est sourde.

TRICAMP.

Ah! oui, c'est juste!... (Élevant la voix.) Nous voulons savoir si vous étiez là, quand on a volé?..

---

1. Cornélius, Tricamp, Gudule, Balthazar.

GUDULE.

Mais je ne suis pas sortie, monsieur.

TRICAMP.

Du tout? du tout?...

GUDULE.

Non monsieur, parce que je sentais venir l'orage; et à cause de mon âge, voyez-vous, ces jours-là, je n'ai plus de jambes.

BALTHAZAR.

Alors tu étais dans ta chambre?

GUDULE.

Non, monsieur, je n'étais pas dans ma chambre... je n'aurais pas pu monter; — je suis restée toute l'après-dînée dans la grande pièce, à tricoter près du feu, et je n'ai pas bougé.

TRICAMP.

Avez-vous bonne vue, la femme?

GUDULE, qui n'entend pas.

Monsieur dit?

TRICAMP, plus haut.

Je demande si vous avez de bons yeux?

GUDULE.

Oh! pour cela oui! monsieur! l'oreille pas! c'est un peu dur! — Mais les yeux, c'est encore bon, comme la mémoire.

TRICAMP.

Ah! la mémoire est bonne! Eh bien, quelles personnes sont venues dans l'après-midi?

GUDULE.

Il est venu le facteur, monsieur! Et puis une voisine, pour emprunter un rouleau de pâtisserie... que Christiane lui a donné... et puis Pétersen.

TRICAMP.

Ah! Pétersen! — Qu'est-ce que c'est que Pétersen?...

GUDULE.

C'est un voisin, monsieur, un garde de nuit... monsieur le connaît bien.

ACTE TROISIÈME.

BALTHAZAR.

Oui, c'est un pauvre diable qui a perdu sa femme, il y a un mois, et ses deux petits enfants sont malades! un brave homme auquel on rend ici quelques services.

TRICAMP, à Gudule.

Et ce Pétersen est donc entré?...

GUDULE.

Non, monsieur! il a seulement parlé à Christiane... par la fenêtre.

TRICAMP.

Pour lui dire?..

GUDULE.

Je n'ai pas entendu, monsieur.

TRICAMP, à Cornélius, en montrant son oreille, et bas.

Ah! oui, l'oreille!... (Haut.) Et après lui personne? (Gudule n'entend pas.)

BALTHAZAR.

Monsieur demande s'il n'est pas venu d'autre personne?...

GUDULE.

Non, monsieur.

TRICAMP.

Et Christiane, où était-elle pendant que vous tricotiez?

GUDULE.

Eh bien! monsieur, elle allait et venait, comme toujours, cette enfant; elle veillait à la cuisine pour moi, puisque je ne pouvais pas!... elle est si complaisante!

TRICAMP.

Mais enfin, elle n'était pas toujours à la cuisine?...

GUDULE.

Non, monsieur, elle est aussi entrée dans sa chambre.

TRICAMP, vivement.

Ah! elle est entrée ici, n'est-ce pas?...

GUDULE.

Oui, monsieur. Pour faire sa toilette à cause du souper.

TRICAMP.
Et... est-elle demeurée longtemps dans cette pièce ?
GUDULE.
Une heure, monsieur.
TRICAMP.
Ah ! elle est restée ici une heure ?
GUDULE.
Oui, monsieur, une bonne heure.
TRICAMP.
Et vous n'avez rien entendu, pendant ce temps-là ? — par exemple, comme des coups de marteau sur du bois ?
GUDULE.
Non, monsieur.
TRICAMP, à Balthazar.
Oui !... l'oreille toujours ! (A Gudule.) Et puis l'orage grondait déjà, n'est-ce pas ?...
GUDULE.
Oh, oui, monsieur, j'entendais bien le tonnerre.
TRICAMP.
Elle a confondu les deux bruits. — Et enfin, ma bonne Gudule ?...
GUDULE.
Et enfin, monsieur, l'orage éclatait... monsieur ne rentrait pas. J'ai eu bien peur ! Je me suis mise à genoux et j'ai dit mes prières !... Et c'est alors que Christiane est sortie de sa chambre, toute tremblante, toute pâle !... et le tonnerre a éclaté d'une force !
TRICAMP, triomphant.
Ah ! vous avez remarqué qu'elle était pâle et tremblante !
GUDULE.
Dame ! comme moi, monsieur ! cet orage, ça nous cassait bras et jambes... je ne pouvais plus me relever, moi ! et c'est là-dessus que Monsieur a commencé à frapper à la porte, et Christiane a ouvert, et voilà (pleurant) tout ce que je sais... monsieur... aussi vrai que je suis chrétienne et honnête femme.

ACTE TROISIÈME.

BALTHAZAR.

Ne pleure pas, ma bonne Gudule, tu vois bien que ce n'est pas toi qu'on accuse.

GUDULE.

Mais qui donc alors, monsieur?... Qui donc?... Sainte-Vierge!... est-ce que c'est Christiane!... (Silence.) Vous ne répondez pas! ah! monsieur, ce n'est pas possible!

CORNÉLIUS, vivement.

N'est-ce pas, ma bonne Gudule?...

GUDULE.

Christiane... monsieur! Cette enfant-là qui vient du bon Dieu! c'est le bon Dieu, monsieur, qui l'a fait venir dans notre maison! et c'est si bon, si doux, si pieux!... Ah! si vous la connaissiez!

TRICAMP, debout.

Mon Dieu oui.. ma bonne... mais voyons... puisque ce n'est pas vous !..

GUDULE.

Ah! je l'aimerais mieux, monsieur... J'aime mieux qu'on m'accuse... accusez-moi! tenez! Une vieille comme moi, qui suis toute finie! Qu'est-ce que ça me fait?... J'irai bien rendre mes comptes là-haut, et ça ne tardera pas... mais celle-là?... je ne veux pas qu'on y touche, monsieur! — Monsieur Balthazar, n'y laissez pas toucher! c'est sacré cette enfant-là!

TRICAMP.

Voyons! voyons!... (Les agents reparaissent.)

GUDULE, à Balthazar.

Ne l'écoutez pas, monsieur, ce méchant homme-là! Je vous dis que c'est lui qui mène tout!

TRICAMP[1], aux agents.

Éloignez-la!

GUDULE, pendant qu'on l'emmène.

Ah! mon Dieu! mon Dieu! c'est la fin de la maison! Il n'y aura

---

1. Cornélius, Tricamp, Balthazar, Gudule.

plus que malédiction sur nous!... Et dire que je ne suis pas morte avec notre maîtresse!... avant de voir çà!... Oh! mon Dieu! qu'est-ce que j'ai donc fait pour voir çà!... (Balthazar l'emmène jusqu'à la porte.)

SCÈNE V.
CORNÉLIUS, TRICAMP, BALTHAZAR.

TRICAMP.

Eh bien! vous le voyez? il n'est venu personne qu'on puisse soupçonner? — Ni le facteur, ni la voisine, ni Pétersen. — Donc, c'est la vieille qui a volé, ou c'est la jeune; et comme je ne crois pas la vieille en état de faire cette gymnastique, je prie monsieur le savant de tirer lui-même la conclusion.

CORNÉLIUS, assis près de la cheminée.

Oh! ne me demandez rien! Je ne sais plus que penser! il me semble que je rêve... et que tout cela est un horrible cauchemar.

TRICAMP.

Ah! diable! vous êtes plus entêté que vos confrères, vous! Je raisonne pourtant assez bien.

CORNÉLIUS.

Hélas! oui, trop bien!

TRICAMP.

Et ma logique est assez rigoureuse.

CORNÉLIUS.

Oui! malheureusement oui!

TRICAMP.

Et jusqu'ici les événements me donnent assez raison.

CORNÉLIUS.

Oui! tout vous donne raison, oui!

TRICAMP.

Eh bien! alors, avouez donc que la jeune fille est coupable.

CORNÉLIUS, se levant.

Eh bien! voilà ce que je ne croirai pas tant que je ne l'entendrai pas elle-même s'accuser et nous crier : « Oui! c'est moi, c'est moi qui ai volé! » Et Dieu sait!... tenez!... elle le dirait à l'instant, là, devant nous, que je ne sais pas encore si je voudrais y croire.

TRICAMP, regardant l'heure.

Ah! vous croirez ce qu'il vous plaira!... mais je vais toujours l'interroger.

CORNÉLIUS.

Eh bien, oui, interrogeons-la!... mais c'est à moi de l'amener ici et de la défendre! Et je ne permets à personne de porter la main sur celle qui doit être ma femme. (Il disparaît au fond.)

TRICAMP.

Ah çà! il doit donc l'épouser!...

BALTHAZAR.

Hélas, oui!

TRICAMP.

Ah! je comprends; il a déjà des yeux de mari.

SCÈNE VI.

Les Mêmes, CHRISTIANE.

CORNÉLIUS, soutenant Christiane.

Venez, venez, Christiane! Et courage, mon enfant! Je suis là, appuyez-vous sur moi! (Il la conduit doucement vers un siége, à gauche.)

CHRISTIANE.

Ah! monsieur Cornélius! (Elle pleure.)

TRICAMP, à Balthazar.

Elle pleure!

BALTHAZAR.

Oui!

TRICAMP.

Très-bien! c'est la fin de la crise! (Il passe à gauche[1], s'assied près

1. Cornélius, Christiane, Tricamp, Balthazar.

de Christiane sur une chaise que lui tend Balthazar, et prend la main de la jeune fille.) Voyons, voyons, mon enfant, asseyez-vous là!... c'est ça, et causons un peu! Je ne suis pas bien effrayant, n'est-ce pas?... D'abord je n'ai jamais fait peur aux dames, — au contraire!... — regardez-moi donc! et tout ce qui se dira ne sortira pas d'ici... (Lui frappant dans les mains amicalement.) Là, là, pas de fausse honte! et un bon mouvement, mon enfant! Eh mon Dieu! qu'est-ce qui n'a pas de petites fredaines à se reprocher?... On n'est pas parfait! — Nous sommes donc un peu coquette!... hein?... Eh bien! c'est tout naturel... quand on est jeune... jolie!... et nous avons voulu nous faire belle?... et ma foi, sans y penser... nous avons donc pris, pour les rendre, bien entendu, nous avons pris les bijoux?...

CHRISTIANE, se dressant tout d'un coup.

Ah! tuez-moi, vous! — mais ne répétez pas cela! (Tricamp, ahuri, saute en arrière. — Cornélius cherche à calmer Christiane.)

TRICAMP[1].

Malepeste! quelle gaillarde!

BALTHAZAR.

Monsieur Tricamp!... ayez la bonté de nous laisser seuls avec elle!... (Protestation muette de Tricamp.) Votre présence l'irrite, et je crois que nous obtiendrons d'elle plus que vous. (Il lui fait signe de remonter seulement un peu.)

TRICAMP, faisant signe qu'il comprend.

Comme il vous plaira, messieurs! (Remontant.) Je me retire. (Il va fermer la porte, comme s'il sortait, et traverse au fond, de droite à gauche.)

BALTHAZAR.

Voyons, Christiane, mon enfant!

CHRISTIANE, repoussant sa main.

Laissez-moi!

CORNÉLIUS.

Ma chère Christiane!

1. Cornélius, Christiane, Balthazar, Tricamp.

ACTE TROISIÈME

CHRISTIANE.

Laissez-moi! laissez-moi!

BALTHAZAR.

Nous voilà seuls avec toi, il est parti.

CHRISTIANE, se levant.

Il est parti... moi aussi je ne veux pas rester ici! je veux m'en aller!... Laissez-moi! je veux m'en aller.

BALTHAZAR, la faisant asseoir doucement, avec l'aide de Cornélius.

Vous ne pouvez pas sortir, Christiane, vous ne le pouvez pas sans nous répondre. Voyons,-dites la vérité, mon enfant, quelle qu'elle soit, je vous pardonne d'avance, personne n'en saura jamais rien, je vous le jure devant Dieu[1]! (Silence de la jeune fille, qui se couvre le visage de ses deux mains.) Est-ce que vous ne m'entendez pas?

CHRISTIANE.

Ah! je ne peux plus pleurer! si je pouvais pleurer! ah! faites-moi donc pleurer! (Elle cache sa figure sur le dos de la chaise.)

CORNÉLIUS, regardant Tricamp.

Elle a une fièvre terrible! Je n'ose pas!

TRICAMP, à part, à son oreille.

Si!... si!... faites-la pleurer! pauvre enfant! elle étouffe. (Il essuie son binocle.) Je commence à m'attendrir, moi! c'est ridicule! — un homme qui connait pourtant bien les femmes! (Il remonte.)

CORNÉLIUS.

Christiane, voulez-vous m'écouter, moi, mon enfant?... (Il prend la main de Christiane.)

CHRISTIANE.

Oui!

CORNÉLIUS.

Eh bien! pourquoi détournez-vous la tête?... sans me répondre... pourquoi retirez-vous votre main?... est-ce que vous ne me reconnaissez pas?...

---

1. Tricamp, Cornélius, Christiane, Balthazar.

CHRISTIANE.

Si.

CORNÉLIUS.

Je vous aime, moi, vous le savez! Je vous aime, Christiane, de toutes les forces de mon âme.

CHRISTIANE, se retournant.

Ah! c'est vous qui dites que j'ai volé!... (Elle fond en larmes.)

TRICAMP, à part.

Bon! elle pleure.

CORNÉLIUS, avec force.

Mais non, Christiane, je ne le dis pas, non! je ne le crois pas... Mais, chère enfant, vous voyez bien qu'il faut m'aider à vous justifier, à vous défendre.

CHRISTIANE.

Oui!... vous êtes bon, vous! vous avez pitié de moi, défendez-moi! — Est-ce que vous ne voyez pas qu'ils sont stupides avec leur vol?... Et qu'est-ce qu'on veut que je vole ici?... Est-ce que ce n'est pas tout mon cœur, cette maison! Est-ce qu'il y a dans ces murs-là une seule pierre que je n'adore pas?... Est-ce qu'on vole sa propre vie et son propre sang?... Et dire que votre bonne mère est morte!... Ah! si elle était là, elle vous ferait rentrer sous terre, avec votre vol. Mais je suis seule, n'est-ce pas... et on m'accuse parce que je suis une bohémienne, et parce que j'ai volé quand j'étais petite, et l'on m'appelle voleuse!... voleuse, voleuse! On m'appelle voleuse! (Elle retombe en sanglotant.)

CORNÉLIUS, se levant.

Ah! j'y renonce! Parle, toi, si tu veux, je ne peux plus! (Il passe à droite.) [1]

BALTHAZAR, à genoux devant Christiane.

Christiane!... ma fille! ma sœur! regarde-moi! Je suis à tes genoux!... et je te demande pardon de tout le mal que je t'ai

---

1. Tricamp, Christiane, Balthazar, Cornélius.

fait!... C'est fini... on ne dira plus rien, on ne te demande rien. Mais puisque tu m'aimes! tu ne veux pas mon malheur, n'est-ce pas? Eh bien! je t'en supplie, si tu sais où est mon petit médaillon! — Je ne te demande pas où il est... entends-tu, je ne veux pas le savoir! — mais par le nom de ma mère, que tu appelais ta mère aussi, fais que je le retrouve et qu'on me le rende! Tout mon bonheur en dépend! Rends-moi mon médaillon!... Dis?... veux-tu me le rendre?...

CHRISTIANE, se tordant les mains avec désespoir.

Oh! s'il était dans le sang de mes veines, vous l'auriez déjà!

BALTHAZAR, insistant.

Christiane!...

CHRISTIANE.

Mais je ne l'ai pas!... Je ne l'ai pas!... Je ne l'ai pas!... (Elle se lève en parlant.)

BALTHAZAR, se redressant avec colère.

Mais, malheureuse!...

CORNÉLIUS, l'arrêtant.

Balthazar!...

CHRISTIANE, éperdue.

Quand vous m'aurez rendue folle, ce sera fini, n'est-ce pas? (Elle retombe sur le fauteuil et se détourne, la figure dans ses mains, comme décidée à ne plus répondre.)

BALTHAZAR, désespéré, d'une voix sourde.

Rien! nous ne saurons rien!

CORNÉLIUS[1]

C'est qu'il n'y a rien à savoir!

TRICAMP, essuyant ses yeux et son lorgnon, et à demi-voix.

Voyons, voyons, nous sommes là à nous attendrir! c'est ridicule! Ferme là! Redevenons bourgmestre! J'ai surpris un mot tout à l'heure au milieu de mon émotion : elle a parlé de bohémienne! hein?

1. Christiane, Cornélius, Tricamp, Balthazar.

BALTHAZAR, de même.

Oui! c'est une enfant de saltimbanques recueillie par ma mère!

TRICAMP, vivement.

De saltimbanques! (Montrant la chaise qui est restée sur la commode.) Je comprends maintenant!... je comprends!

CORNÉLIUS.

Quoi?... parce que...

TRICAMP, l'interrompant.

Elle a aussi parlé d'un vol?

BALTHAZAR.

Hélas, oui! c'est vrai! elle avait volé ma mère dans une église!...

TRICAMP.

Eh! allons donc!

CORNÉLIUS.

A cinq ans!

TRICAMP.

L'âge n'y fait rien! Le germe y était! — Et maintenant, monsieur le savant, je vous permets l'émotion et à moi aussi, quoique ce soit très-ridicule, mais je ne vous permets plus le doute, par exemple!

CORNÉLIUS.

Le doute! moi! Je vous ai dit que je l'en croirais à peine, si elle s'accusait elle-même! Et après ce que je viens de voir et d'entendre, devant ce désespoir et ces larmes, je douterais encore? — Oh non! Vous avez bien raison : je n'ai plus le droit de douter! Je ne doute plus!... je ne doute pas de son innocence!

TRICAMP.

De son innocence!

CORNÉLIUS.

Oui! oui! de son innocence! Oui! oui! mille fois oui! J'en mettrais maintenant cette main et cette tête à couper.

ACTE TROISIÈME.

TRICAMP, stupéfait.

Mais en vérité! mais quel homme! mais quelle diable de preuve?...

CORNÉLIUS.

Oh! je n'en ai pas!... Oui, je le sais bien! Et je connais toutes celles que vous invoquez contre elle! Et ma raison est prête à les trouver évidentes, terribles, implacables

TRICAMP.

Eh bien?

CORNÉLIUS.

Mais ma conscience se révolte aussitôt contre ma raison! Mais mon cœur est là, qui me dit : non! ces paroles, ce visage, ce désespoir! non! tout cela n'est pas d'une coupable! Et je te le jure, elle est innocente. (Christiane se redresse.) Je ne peux pas te le prouver, moi, mais je le sens; mais j'en suis sûr! Et je te le crie de toutes mes forces, avec toutes mes angoisses, avec toutes mes larmes : ne les crois pas! — Ils mentent! Leur logique est celle de la terre, qui se trompe; — la mienne est celle du ciel, qui ne ment pas! — Elle s'appelle la Raison! je m'appelle la Foi!

« [1] TRICAMP.

Mais enfin!...

CORNÉLIUS.

Ne les écoute pas, et rappelle-toi que dans ces mauvais jours où ton orgueil de savant est prêt à nier Dieu lui-même, il suffit d'un tressaillement de ton cœur pour te l'affirmer, et comment veux-tu qu'il te trompe sur l'innocence d'un enfant, ce cœur qui ne ment pas quand il s'agit de Dieu?... »

CHRISTIANE, courant se réfugier dans ses bras.

Ah! je ne suis donc plus seule!

TRICAMP, à Balthazar.

Vous comprenez bien qu'il n'y a rien à répondre!... Si la police raisonnait comme cela...

---

1. Les parties de ce dialogue placées entre des guillemets sont supprimées à la représentation.

CORNÉLIUS.

Oh! je ne demande pas à vous convaincre, je ne parle plus en savant, je le sais bien.

TRICAMP.

Alors, vous trouverez bon que...

CORNÉLIUS.

Faites votre office, je ferai le mien!

BALTHAZAR.

Le tien?

CORNÉLIUS.

Oui! oui! cherchez, fouillez, furetez, raisonnez, entassez preuves sur preuves pour écraser cette malheureuse enfant! et de mon côté, je saurai bien ramasser toutes celles qui peuvent la sauver.

TRICAMP.

Alors, je ne vous conseille pas, monsieur, de compter parmi ces dernières ce que j'ai trouvé tout à l'heure dans le tiroir de mademoiselle...

CHRISTIANE.

Dans mon tiroir?

CORNÉLIUS.

Quoi donc?

TRICAMP.

Cette perle noire, détachée du médaillon.

CORNÉLIUS.

Vous avez trouvé?...

BALTHAZAR.

Oui... mon ami! là! devant moi! là! là dedans!

CORNÉLIUS[1], après être remonté à la commode.

Christiane, entendez-vous?

CHRISTIANE, égarée.

Oui! j'entends...

---

1. Balthazar, Cornélius, Christiane, Tricamp.

CORNÉLIUS.

Mais répondez donc! défendez-vous donc! dites-leur donc...

CHRISTIANE, désespérée.

Que voulez-vous que je dise?... Je ne sais plus... je ne sais pas...

CORNÉLIUS.

Mais enfin! cette perle!... chez vous!...

CHRISTIANE.

Ah! vous m'accusez aussi maintenant?

CORNÉLIUS.

Non! non! mais enfin... mais pourtant...

CHRISTIANE.

Ah! laissez-moi! (Elle remonte et va tomber à genoux près du lit.) Lui, lui aussi? (Silence. — Cornélius reste accablé, la perle à la main, puis il va tomber assis à gauche.)

TRICAMP, à demi-voix.

Monsieur Balthazar, voulez-vous me permettre de dire un mot à un de mes hommes?

BALTHAZAR.

Certainement, monsieur... je vais...

TRICAMP.

Non, non, ne bougez pas! je reviens tout de suite. (A part, en sortant.) Oh! les femmes! je les connais si bien!

SCÈNE VII.

CORNÉLIUS, BALTHAZAR, CHRISTIANE.

BALTHAZAR.

Mon pauvre Cornélius! (Cornélius, qui regarde la perle avec désespoir, s'arrête comme frappé d'une découverte subite.)

CORNÉLIUS, l'écartant.

Chut!

BALTHAZAR.

Quoi donc?

4.

CORNÉLIUS, sans l'écouter, se lève pour regarder la perle
de plus près à la lumière.

Une tache blanche... Oui ! une brûlure !... (Il se frappe le front.) Ah ! mon Dieu ! si c'était !... Oui, cet orage sur la maison... Cette nuit ! (Il jette un coup d'œil rapide sur l'œil-de-bœuf.) Tu as fermé ton cabinet ?

BALTHAZAR, stupéfait.

Oui !

CORNÉLIUS.

La clef !... vite !

BALTHAZAR.

Mais...

CORNÉLIUS, lui arrachant la clef.

Mais donne donc ?... (Il s'élance au dehors.)

BALTHAZAR.

Il perd la tête !... Cornélius !... Il ne sait pas le secret !... il ne pourra pas ouvrir ! Cornélius ! Cornélius ! (Il sort derrière Cornélius en jetant un coup d'œil à Christiane agenouillée près du lit.)

SCÈNE VIII.

CHRISTIANE, seule, puis TRICAMP.

CHRISTIANE, courant à la fenêtre.

Personne !... Tous ces hommes sont dans la rue !... — Je puis sortir par le jardin ! Ah ! j'ai assez souffert ! je veux en finir !

TRICAMP, dehors.

C'est bon ! ne bougez pas !

CHRISTIANE.

Lui ! déjà ! Oh ! mon Dieu ! (Elle éteint la lampe.) Ah ! ici... (Elle se cache à droite derrière la porte. Tricamp entre sans la voir.)

TRICAMP.

Là !... voilà ! (Christiane sort.) Eh bien ! plus de lumière ?... Où sont-ils passés ?... (Il cherche. Cornélius paraît à l'œil-de-bœuf, une lumière à la main. La salle s'éclaire.)

SCÈNE IX.

CORNÉLIUS, TRICAMP. (Le jour vient pendant cette scène.)

TRICAMP, surpris.

Tiens!... là-haut!

CORNÉLIUS, désignant la chaise sur la commode

Pardon, monsieur Tricamp, voulez-vous être assez bon pour tenir un peu la chaise, que je descende?

TRICAMP.

Vous voulez descendre par là?

CORNÉLIUS, très-fiévreux pendant toute la scène.

Vous voyez.

TRICAMP.

Quelle diable d'idée avez-vous là?

CORNÉLIUS.

Ah! pardon! je ne vous ai rien demandé tantôt, quand vous faisiez votre examen de commissaire; permettez-moi de réclamer la même indulgence pour l'expertise du savant.

TRICAMP, railleur.

Ah! bon! bon! vous cherchez encore le voleur, vous?

CORNÉLIUS, examinant.

Toujours.

TRICAMP.

Un autre voleur que la demoiselle, hein?

CORNÉLIUS.

Un autre, justement.

TRICAMP.

Et vous êtes sur la trace, hein?

CORNÉLIUS.

Peut-être! (Il poursuit son examen.)

TRICAMP.

Allons, tant mieux! ((A part.) Il est amusant le savant! — Voulez-vous me permettre, cher confrère, de vous offrir la main pour descendre ?

CORNÉLIUS.

Merci ! pas encore ! Mais puisque vous êtes si complaisant, veuillez me dire si vous voyez quelque part la sonnette ?

TRICAMP.

La sonnette ?... la sonnette du cabinet ?

CORNÉLIUS.

Oui.

TRICAMP.

Dont le fil est cassé ?...

CORNÉLIUS.

Oui ! le fil traverse la cloison ici, vous voyez ! dans un tube de fer blanc, gros comme le petit doigt, et je voudrais savoir si la sonnette est dans cette chambre ?

TRICAMP.

Voyons, c'est facile ! voici le jour... Permettez-moi de prendre mon lorgnon ; je vois ici d'abord le fil qui longe la corniche, et puis là... là... et là... voici la sonnette !

CORNÉLIUS.

Là-bas ?

TRICAMP.

Oui !

CORNÉLIUS.

Et rien d'extraordinaire ?

TRICAMP.

Ah ! si... tiens ! c'est curieux !

CORNÉLIUS.

Quoi donc ?

TRICAMP.

Elle est retournée, la bouche en l'air comme une tulipe, et toute roide.

CORNÉLIUS, vivement.

Ah !

ACTE TROISIÈME.

TRICAMP.

C'est une précaution que la demoiselle aura prise avant l'escalade... de peur de vacarme! Je suis sûr que c'est bourré de papier là-dedans.

CORNÉLIUS.

Vous voyez du papier?

TRICAMP.

Non. Tirez donc le fil un peu.

CORNÉLIUS, tirant le fil dans l'autre pièce.

Bouge-t-elle?

TRICAMP.

Non.

CORNÉLIUS, avec joie.

Alors, le ressort est faussé, tordu?

TRICAMP.

On le dirait. Elle aura fourré là quelque morceau de bois. (Cornélius saute à terre vivement, traverse, et écarte Tricamp.)

CORNÉLIUS.

Pardon! (Il saute sur la table et regarde la sonnette.)

TRICAMP.

Eh bien! eh bien! qu'est-ce qu'il lui prend?

CORNÉLIUS.

(Poussant un cri à la vue de l'intérieur de la sonnette.) Ah!... (Il saute à terre, puis écarte Tricamp.) Pardon!...

TRICAMP.

Vous tenez la piste?

CORNÉLIUS, à la cheminée, très-agité.

Oui! (Il regarde.)

TRICAMP, gouailleur.

Bon! empoignez-le-moi, ce gaillard-là! et ne le lâchez pas!... Il est sorti par la cheminée, par le petit tuyau... gros comme ça?

CORNÉLIUS.

Non! (Il va à la porte.)

TRICAMP.

Non ! — alors par la porte ?

CORNÉLIUS, après avoir examiné la porte.

Non !

TRICAMP.

Non plus ! — alors, par la fenêtre !

CORNÉLIUS, y allant.

Peut-être ! (Il écarte les rideaux; la fenêtre est grillée.)

TRICAMP.

Eh bien, je vous le donne pour un adroit coquin, celui-là ! La fenêtre est condamnée, et voilà des grilles à travers lesquelles le bras ne passerait pas !

CORNÉLIUS, regardant attentivement les vitres.

Qu'importe ! s'il y a un trou dans la vitre !

TRICAMP, stupéfait.

Un trou dans la vitre ? Eh bien ! quand il y aurait... (A lui-même.) Ah ça ! est-ce qu'il se moquerait de la justice, ce gaillard-là ?... Mais voyons donc... (Lorgnant.) voyons donc... voyons donc... Il commence à me paraître suspect, ce monsieur... Il descend par l'œil-de-bœuf : il est amoureux de la demoiselle... et... Eh bien, où est-elle donc, la demoiselle ? — Ah ! mon Dieu ! partie ! (Cornélius continue son exploration, et prend une chaise pour voir les vitres d'en haut.)

SCÈNE X.

LES MÊMES, BALTHAZAR LES AGENTS.

BALTHAZAR, entrant, à demi-voix.

Monsieur Tricamp ! monsieur Tricamp ! elle s'est sauvée !

TRICAMP.

Elle s'est sauvée !

BALTHAZAR.

Par le jardin !

TRICAMP, très-agité.

Ah! maladroit! Je comprends tout maintenant. — (Montrant Cornélius; à demi-voix :) C'est l'homme au paquet! c'est le complice!

BALTHAZAR.

Comment?...

TRICAMP.

Oui! oui! voilà un quart d'heure qu'il m'amuse avec des sonnettes pour la faire évader! mais je la rattraperai. Ne le lâchez pas! c'est un homme dangereux! ne vous laissez pas prendre aux sonnettes! (Il se sauve.)

SCÈNE XI.

BALTHAZAR, CORNÉLIUS

BALTHAZAR, effaré.

Aux sonnettes!.. Dangereux!.. Cornélius!

CORNÉLIUS, regardant les vitres d'en haut, et poussant un cri de triomphe.

Ah!...

BALTHAZAR.

Oui! oui! Tu vois bien qu'elle est coupable, puisqu'elle se sauve!

CORNÉLIUS, se retournant, radieux, et sautant à terre.

Je vois!.. ah! je vois qu'elle est innocente!... et que c'est nous qui sommes coupables, et que c'est nous qui sommes stupides!

BALTHAZAR.

Es-tu fou!

CORNÉLIUS.

Et je le tiens, ton voleur! je le tiens! et si tu veux savoir son nom...

BALTHAZAR.

Eh bien?... (Musique en sourdine.)

CORNÉLIUS.

C'est la foudre! (Balthazar va se récrier; rumeur dans la rue.) Chut! écoute!

BALTHAZAR.

Ces cris!

CORNÉLIUS.

Oui! du côté de l'Amstel!

BALTHAZAR.

De l'Amstel! Ah! mon Dieu!

CORNÉLIUS.

Eh bien?

BALTHAZAR.

Christiane, qui s'est sauvée de ce côté!..

CORNÉLIUS, épouvanté.

Ah! tais-toi!.. quelle pensée!..

BALTHAZAR, courant à la fenêtre.

Rien! on s'arrête devant la porte!.. Ah!...

CORNÉLIUS.

Quoi donc?...

BALTHAZAR, l'arrêtant.

Rien! ne regarde pas.

CORNÉLIUS, résistant.

Je veux voir!

BALTHAZAR, luttant.

Non! non! je te dis que tu ne verras pas!

CORNÉLIUS.

Je veux voir! je veux la voir! — (Il court au fond, on voit Christiane portée par Pétersen.) Ah!...

SCÈNE XII.

Les Mêmes, TRICAMP, CHRISTIANE, GUDULE, SARA, VANDERVEN, PÉTERSEN, Agents, Bourgeois et Bourgeoises.

On place Christiane dans le fauteuil à droite, tout le monde l'entoure.

TRICAMP.

Elle allait se jeter dans l'Amstel!... Et sans ce brave homme! (Il montre Pétersen.)

ACTE TROISIÈME.

CORNÉLIUS, à genoux.

Christiane!...

BALTHAZAR.

Christiane!

CORNÉLIUS.

Entends-moi! réponds-moi! c'est moi, Cornélius! ton ami!... m'entends-tu?... Christiane!.. reviens à toi!.. Je t'en supplie!.. Christiane! je t'aime! Tu ne peux pas mourir! puisque je t'aime et que tu n'es pas coupable!

TRICAMP.

Monsieur Cornélius, il faudrait...

CORNÉLIUS.

Taisez-vous! (silence.) Elle a tressailli!..

TOUS.

Ah!

CORNÉLIUS, à Christiane.

Un regard!... un seul! pour me prouver que tu es bien vivante, et que tu me reconnais... (Christiane incline la tête.)

GUDULE.

Elle a bougé! (Christiane fait un effort pour parler.)

CORNÉLIUS.

Oui! oui! tais-toi! Ne parle pas!... Ah! ma chère âme, tu es sauvée! et je t'adore!...

TRICAMP.

Parfaitement, parfaitement!... Il ne faut plus que des soins... Je me retire avec mes gens, monsieur Vanderlys, car, dans cet état-là, vous pensez bien que je ne puis pas l'arrêter...

CORNÉLIUS, se redressant.

L'arrêter! Mais vous ne pensez donc qu'à l'arrêter, vous!

TRICAMP.

Dame!

CORNÉLIUS.

Mais je le connais le voleur! — Il ne vous l'a donc pas dit?

TRICAMP.

Mais qui donc enfin, qui donc?

BALTHAZAR.

Mais c'est la foudre!... Monsieur Tricamp!

TOUS.

La foudre!

CORNÉLIUS.

Eh! oui, c'est la foudre! — la foudre qui est descendue par la cheminée du cabinet, pour s'en prendre, comme toujours, au métal, ramasser l'or et l'argent, tordre les clefs et les serrures, briser le fil de la sonnette, planter le poignard dans la cloison et s'échapper par la vitre en laissant tomber cette perle noire sur sa route.

TRICAMP.

Vous voulez me faire croire que c'est la foudre qui a détaché ce morceau de tenture sans le brûler?

CORNÉLIUS.

Ah! pardieu! elle en fait bien d'autres!... Mais vous ne lisez donc rien? Et les clous dorés du fauteuil qu'elle plante dans une glace sans la briser! Et l'argent qu'elle volatilise à travers les mailles de la bourse qui demeure intacte!... Et le pan de mur qu'elle déracine et qu'elle transporte à vingt pas de là tout d'une pièce!...

TRICAMP.

Le pan de mur, oui... le pan de mur, bon!... Mais l'or, les bijoux?

CORNÉLIUS, sautant sur la table et retournant violemment la sonnette.

Les bijoux... En lingot! (Il apporte un lingot d'or et de pierreries.)

TRICAMP, stupéfait.

Dans la sonnette!

CORNÉLIUS.

Naturellement. Le fil de fer a servi de conducteur.

BALTHAZAR, piteusement.

Alors mon médaillon est là-dedans?

ACTE TROISIÈME.

CORNÉLIUS.

Ton médaillon! Et tes ducats; et ta fleur!

BALTHAZAR, ravi.

La fleur aussi?

TRICAMP.

Parfait! parfait! à la bonne heure! Mais le paquet... (à Christiane) le paquet que vous avez remis à un homme par la fenêtre?

PÉTERSEN.

Présent l'homme! — C'était moi!

BALTHAZAR.

Pétersen!

PÉTERSEN.

Et le paquet...

CHRISTIANE, continuant pour lui.

C'était du linge que j'avais préparé pour ses petits enfants!

TRICAMP, lorgnant Pétersen.

Il a encore des petits enfants?...

PÉTERSEN.

Oui, monsieur.

CHRISTIANE.

Ils sont malades, monsieur; le soir, il fait sa ronde! Il n'y a personne auprès d'eux, et voilà trois nuits que je les veille; mais je ne voulais pas le dire... parce que je ne suis pas forte, et monsieur Balthazar m'aurait grondée.

PÉTERSEN.

Quand je vous dis que je devais la sauver!

TRICAMP.

Très-bien! très-bien, Pétersen! Je suis content de Pétersen! (A Cornélius.) Mais dites-moi donc un peu, qu'est-ce qui vous a mis sur la voie?

CORNÉLIUS.

Cette perle noire que vous m'avez remise vous-même, en me défiant d'y voir une preuve d'innocence !

TRICAMP.

La perle! eh bien?

CORNÉLIUS.

Eh bien! regardez ce petit point imperceptible! une brûlure! C'est la foudre!

TRICAMP, s'inclinant.

Évidemment, je ne peux pas arrêter la foudre! (A Christiane.) Ma chère enfant, je ne vous arrêterai pas non plus, mais je vous marierai. — J'aime mieux ça.

CHRISTIANE, faiblement.

Me marier... avec qui?

CORNÉLIUS.

Avec moi, Christiane, si vous m'aimez un peu, et si vous ne dites pas non!

CHRISTIANE, se levant.

Vous!... — C'est vous!... (L'émotion lui coupe la parole.)

CORNÉLIUS.

Ne parlez pas, Christiane! ah! ne parlez pas encore! (Il lui ferme la bouche.)

CHRISTIANE, écartant sa main et souriant.

Ah! il faut pourtant bien que je parle, mon ami, si vous voulez que je dise : Oui!

FIN.

Pièces de théâtre, belle édition, format grand in-18 anglais.

F. PONSARD.
- Lucrèce, tragédie... 1 50
- Agnès de Méranie, tragédie. 1 50
- Charlotte Corday, tragédie... 1 50
- Horace et Lydie, comédie... 1 »
- Ulysse, tragédie... 2 »
- L'Honneur et l'Argent, com... 2 »
- La Bourse, comédie... 2 »

ÉMILE AUGIER.
- Gabrielle, comédie... 2 »
- La Ciguë, comédie... 1 50
- L'Aventurière, comédie... 1 50
- L'Homme de bien, comédie... 1 50
- L'Habit vert, proverbe... 1 »
- La Chasse au Roman, comédie. 1 50
- Sapho, opéra... 1 »
- Diane, drame... 2 »
- Les Méprises de l'Amour, com. 1 50
- Philiberte, comédie... 1 50
- La Pierre de touche, comédie. 2 »
- Le Gendre de M. Poirier, com. 2 »
- Ceinture dorée, comédie... 1 50
- Le Mariage d'Olympe, com... 1 50
- La Jeunesse, comédie... 2 »
- Les Lionnes pauvres, comédie. 2 »
- Un beau Mariage, comédie... 2 »

GEORGE SAND.
- Le Démon du Foyer, comédie. 1 50
- Le Pressoir, drame... 2 »
- Les Vacances de Pandolphe, c... 2 »

EUGÈNE SCRIBE.
- La Czarine, drame... 2 »
- Feu Lionel, comédie... 1 50
- Les Doigts de Fée, comédies... 2 »
- Rêves d'amour, comédie... 1 50
- La Fille de trente ans, comédie 2 »

MÉRY.
- Gusman le Brave, drame... 2 »
- Le Sage et le Fou, comédie... 1 50
- Le Chariot d'Enfant, drame... 2 »
- Aimons notre prochain, com... 1 »
- Herculanum, opéra... 2 »

LATOUR DE St-YBARS.
- Rosemonde, tragédie... 1 »

LÉON GOZLAN.
- Le Gâteau des Reines, comédie. 2 »
- La Famille Lambert, comédie. 1 »
- Un petit bout d'Oreille, com... 1 »

ERNEST LEGOUVÉ.
- Par droit de Conquête, coméd. 1 50
- Le Pamphlet, comédie... 1 »

VICTOR SÉJOUR.
- Richard III, drame... 2 »
- Les Noces vénitiennes, drame. 2 »
- André Gérard, drame... 2 »
- Le Martyre du Cœur, drame... 2 »
- Le Paletot brun, comédie... 1 »
- Les Grands Vassaux, drame... 2 »
- La Tireuse de cartes, drame... 2 »

OCTAVE FEUILLET.
- Le Pour et le Contre, comédie. 1 »
- La Crise, comédie... 1 50
- Péril en la demeure, comédie. 1 50
- Le Village, comédie... 1 »
- La Fée, comédie... 1 »
- Dalila, drame... 1 50
- Le Roman d'un jeune homme pauvre, comédie... 2 »

JULES SANDEAU.
- Mademoiselle de la Seiglière, c. 1 50

ALEX. DUMAS FILS.
- La Dame aux Camélias, drame. 1 50
- Diane de Lys, drame... 1 50
- Le Demi-Monde, comédie... 2 »

Mme ÉMILE DE GIRARDIN.
- Lady Tartuffe, comédie... 2 »
- C'est la faute du Mari, com... 1 »
- La Joie fait peur, comédie... 1 50
- Le Chapeau d'un Horloger, c... 1 »
- Une Femme qui déteste son Mari, comédie... 1 »
- L'École des Journalistes, com. 1 »

P.-J. BARBIER.
- Un Poëte, comédie... 2 »
- André Chénier, drame... 1 »
- L'Ombre de Molière, à-propos. » 75
- Le Berceau, comédie... 1 »

MARIO UCHARD.
- La Fiammina, comédie... 2 »
- Le Retour du Mari, comédie... 2 »

FÉLICIEN MALLEFILLE.
- Les Mères repenties, comédie. 2 »

LOUIS RATISBONNE.
- Héro et Léandre, drame... 1 »

ROGER DE BEAUVOIR.
- La Raisin, comédie... 1 50

P. FOUCHER ET REGNIER.
- La Joconde, comédie... 2 »

PAUL DE MUSSET.
- La Revanche de Lauzun, com. 1 50
- Christine, roi de Suède, coméd. 1 50

CHARLES EDMOND.
- La Florentine, drame... 1 50

ADOLPHE DUMAS.
- L'École des Familles, comédie. 1 »

ERNEST SERRET.
- Les Familles, comédie... 1 50
- Que dira le Monde? comédie. 2 »
- Un mauvais Riche, comédie... 2 »
- L'Anneau de Fer, comédie... 1 50

ÉDOUARD FOUSSIER.
- Une Journée d'Agrippa, com... 1 50
- Le Temps perdu, comédie... 1 50
- Les Lionnes pauvres, comédie. 2 »
- Un beau Mariage, comédie... 2 »

HENRY MURGER.
- La Vie de Bohême, comédie... 1 50
- Le Bonhomme Jadis, comédie. 1 »

LÉON LAYA.
- Les Jeunes Gens, comédie... 1 50
- Les Pauvres d'esprit, comédie. 1 50
- Le Duc Job, comédie... 2 »

LE MARQUIS DE BELLOY.
- Pythias et Damon, comédie... 1 »
- Karel Dujardin, comédie... 1 »

J. AUTRAN.
- La Fille d'Eschyle, tragédie... 1 50

ARMAND BARTHET.
- Le Moineau de Lesbie, com... 1 »
- Le Chemin de Corinthe, com. 1 50

VIARD et DE LAMADELÈNE.
- Frontin malade, comédie... 1 »

JULES LACROIX.
- Œdipe roi, de Sophocle, trag. 2 »

CHARLES POTRON.
- Un Feu de Paille, comédie... 1 »

AUGUSTINE BROHAN.
- Les Métamorphoses de l'Amour, comédie... 1 »

J. DE PRÉMARAY.
- Les Droits de l'Homme, com. 1 50
- La Boulangère a des écus, dr... 1 50

RAOUL BRAVARD.
- Louise Miller, drame... 2 »

TH. DE BANVILLE.
- Le beau Léandre, comédie... 1 »
- Le Cousin du Roi, comédie... 1 »

DUMANOIR.
- L'École des Agneaux, comédie. 1 »
- Le Camp des Bourgeoises, c... 1 »
- Les Femmes terribles, comédie. 1 »

LE COMTE D'ASSAS.
- La Vénus de Milo, comédie... 1 50

LÉON HALÉVY.
- Ce que Fille veut, comédie... 1 »

PAGÉSIS et DE CHAMBRAIT.
- Comment la Trouves-tu? com. 1 »

ÉDOUARD MEYER.
- Struensée, drame... 1 »

H. LUCAS.
- Médée, tragédie... 1 50

DUHOMME ET SAUVAGE.
- La Servante du Roi, drame... 1 »

FERDINAND DUGUÉ.
- France Siniers, drame... 2 »
- William Shakspeare, drame... 2 »

CAMILLE DOUCET.
- Les Ennemis de la Maison, c... 1 50
- Le Fruit défendu, comédie... 1 50

DECOURCELLE, THIBOUST.
- Je dîne chez ma Mère, com... 1 »

VICTORIEN SARDOU.
- La Taverne, comédie... 1 50

ÉDOUARD PLOUVIER.
- Le Sang mêlé, drame... 1 50
- Trop Beau pour rien faire, c... 1 »
- Le Pays des amours, comédie. 1 50

A. ROLLAND et J. DUBOYS.
- Le Marchand malgré lui, com. 2 »

TH. MURET.
- Michel Cervantes, drame... 1 50

CHARLES LAFONT.
- Le dernier Crispin, comédie... 1 »

EDMOND COTTINET.
- L'Avoué par amour, comédie. 2 »

SIRAUDIN et L. THIBOUST.
- Les Femmes qui pleurent, c... 1 »

LIADIÈRES.
- Les Bâtons flottants, comédie. 2 »

F. BECHARD.
- Les Déclassés, comédie... 1 50

CHARLES DE COURCY.
- Le Chemin le plus long, com. 1 50

RENÉ CLÉMENT.
- L'Oncle de Sycione, comédie. 1 »

LOUIS BOUILHET.
- Madame de Montarcy, drame.

Paris. — Imprimerie de A. WITTERSHEIM, 8, rue Montmorency

www.ingramcontent.com/pod-product-compliance
Lightning Source LLC
LaVergne TN
LVHW050624090426
835512LV00008B/1654